BIENVENUE À Paris !

Paris, Ville lumière, plus belle ville du monde ? Sans doute, à voguer sur la Seine, ruban gris-bleu qui, telle une triomphale avenue, collectionne des splendeurs nommées Notre-Dame, jardin des Tuileries, musée d'Orsay, tour Eiffel ou palais de Chaillot, pont des Arts ou pont Alexandre-III. Paris, pourtant, n'est pas si grand, enserré dans son boulevard périphérique : 12 km d'est en ouest, moins de 10 km du nord au sud, une distance que l'on franchit à pied en trois heures !

Aux dires de certains, Paris est un village, ou plutôt un canevas de villages... Tel quartier, micro-quartier, voire coin de rue, ne se définit-il pas par sa boulangerie, son café, son marchand de légumes, son square ou son petit marché ? Ainsi se résume le charme d'une cité aussi grandiose qu'humaine, où les petits mondes divergent de part et autre du fleuve, rive gauche et rive droite : Saint-Germain, littéraire et berceau de la mode chic, Montmartre et Pigalle à l'esprit canaille, ou encore ces quartiers si vivants qui s'affirment à l'est, aussi populaires et bobos que métissés : canal Saint-Martin, Oberkampf, Belleville...

Et partout, des petits bistrots avec leur zinc astiqué, où on laisse traîner le petit noir, des restaurants classiques ou audacieux, de la brasserie Belle Époque au loft épuré, des boutiques stylées en vogue, des salles de concerts alternatives, des théâtres, des opéras, des bars branchés ou bohèmes, des péniches fêtardes, ou encore des hammams orientaux et des salons de beauté... Avec Cartoville, la ville s'ouvre à vous !

Se repérer à Paris

- **A** Les îles / Quartier Latin / Saint-Germain
- **B** Les Halles / Le Marais
- **C** Opéra / Louvre / Orsay
- **D** Montmartre / Grands Boulevards
- **E** Concorde / Champs-Élysées / Batignolles
- **F** Invalides / Tour Eiffel / Trocadéro
- **G** Montparnasse
- **H** Mouffetard / Place d'Italie / BnF / Bercy
- **I** Bastille / Oberkampf / Nation
- **J** Canal Saint-Martin / Belleville / Ménilmontant

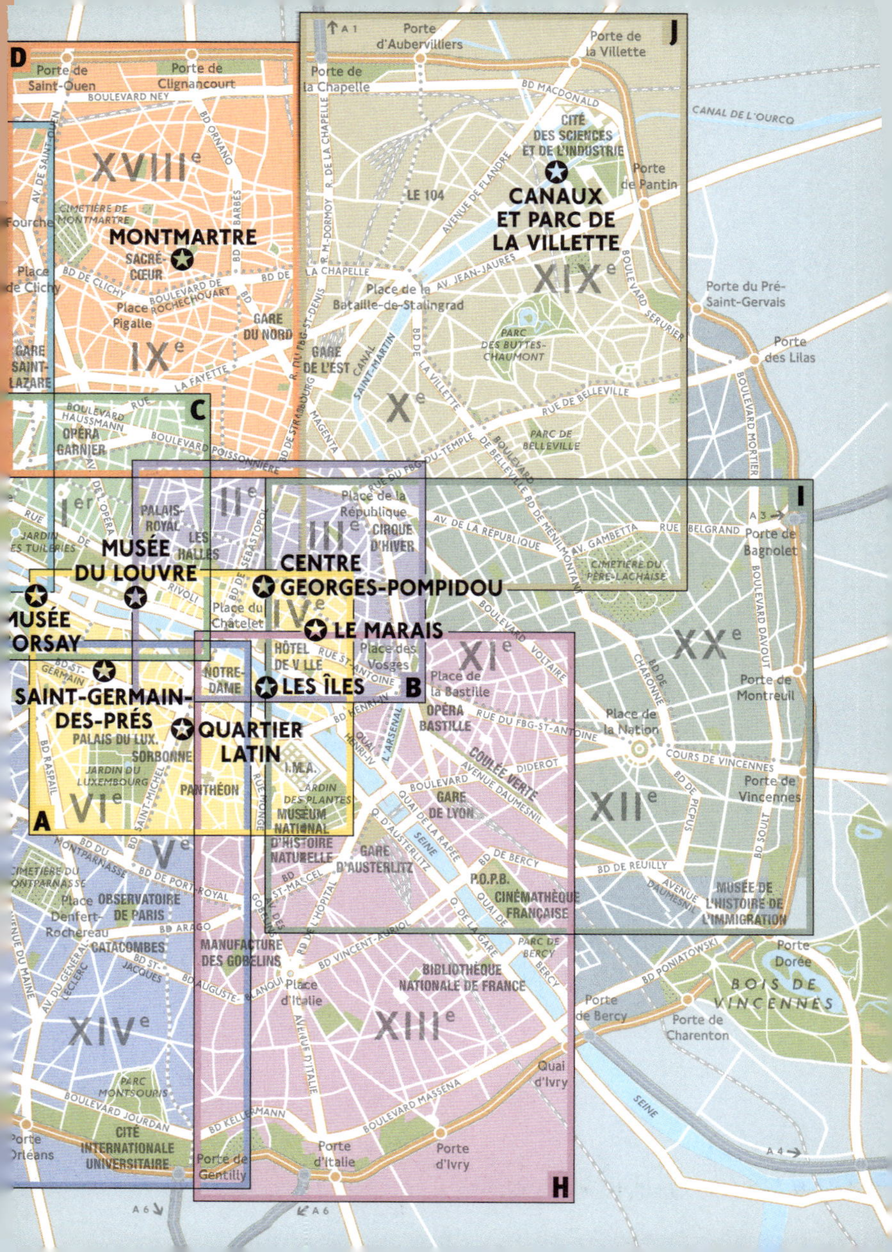

MONTMARTRE
SACRÉ-CŒUR
CANAUX ET PARC DE LA VILLETTE
CITÉ DES SCIENCES ET DE L'INDUSTRIE
MUSÉE DU LOUVRE
CENTRE GEORGES-POMPIDOU
LE MARAIS
MUSÉE D'ORSAY
SAINT-GERMAIN-DES-PRÉS
LES ÎLES
QUARTIER LATIN
XVIIIe
XIXe
IXe
Xe
Ier
IIe
IIIe
IVe
XIe
XXe
XIIe
VIe
Ve
XIIIe
XIVe
Porte de Saint-Ouen
Porte de Clignancourt
Porte d'Aubervilliers
Porte de la Chapelle
Porte de la Villette
Porte de Pantin
Porte du Pré-Saint-Gervais
Porte des Lilas
Porte de Bagnolet
Porte de Montreuil
Porte de Vincennes
Porte Dorée
Porte de Charenton
Porte de Bercy
Quai d'Ivry
Porte d'Ivry
Porte d'Italie
Porte de Gentilly
Porte d'Orléans
BOIS DE VINCENNES
GARE DU NORD
GARE DE L'EST
GARE SAINT-LAZARE
GARE DE LYON
GARE D'AUSTERLITZ
OPÉRA GARNIER
OPÉRA BASTILLE
PALAIS-ROYAL
LES HALLES
NOTRE-DAME
HÔTEL DE VILLE
CIRQUE D'HIVER
Place de la République
Place des Vosges
Place de la Bastille
Place de la Nation
Place du Châtelet
Place de Clichy
Place Pigalle
Place de la Bataille-de-Stalingrad
Place d'Italie
Place Denfert-Rochereau
LE 104
PARC DES BUTTES-CHAUMONT
PARC DE BELLEVILLE
CIMETIÈRE DU PÈRE-LACHAISE
CIMETIÈRE DE MONTMARTRE
CIMETIÈRE DU MONTPARNASSE
PALAIS DU LUX.
SORBONNE
JARDIN DU LUXEMBOURG
PANTHÉON
I.M.A.
JARDIN DES PLANTES
MUSÉUM NATIONAL D'HISTOIRE NATURELLE
P.O.P.B.
CINÉMATHÈQUE FRANÇAISE
BIBLIOTHÈQUE NATIONALE DE FRANCE
MANUFACTURE DES GOBELINS
OBSERVATOIRE DE PARIS
CATACOMBES
PARC MONTSOURIS
CITÉ INTERNATIONALE UNIVERSITAIRE
MUSÉE DE L'HISTOIRE DE L'IMMIGRATION
COULÉE VERTE
PARC DE BERCY
JARDIN DES TUILERIES
CANAL DE L'OURCQ
CANAL SAINT-MARTIN
SEINE
BOULEVARD NEY
BD MACDONALD
BOULEVARD SÉRURIER
BOULEVARD MORTIER
BOULEVARD DAVOUT
BD SOULT
BD PONIATOWSKI
BOULEVARD MASSENA
BD KELLERMANN
BOULEVARD JOURDAN
BOULEVARD HAUSSMANN
BOULEVARD POISSONNIÈRE
BD DE CLICHY
BOULEVARD DE ROCHECHOUART
RIVOLI
RUE ST-ANTOINE
RUE DU FBG-ST-ANTOINE
AV. DE LA RÉPUBLIQUE
AV. GAMBETTA
RUE BELGRAND
RUE DE BELLEVILLE
AV. JEAN-JAURÈS
AVENUE DE FLANDRE
BD DE LA VILLETTE
BOULEVARD VOLTAIRE
BD DE CHARONNE
BD DE MÉNILMONTANT
COURS DE VINCENNES
BD DE PICPUS
BD DE REUILLY
AVENUE DAUMESNIL
DIDEROT
BD DE BERCY
QUAI DE LA RAPÉE
Q. D'AUSTERLITZ
BD DE L'HÔPITAL
BD VINCENT-AURIOL
BD ST-MARCEL
BD DE PORT-ROYAL
BD DU MONTPARNASSE
BD ARAGO
BD ST-JACQUES
BD AUGUSTE-BLANQUI
AVENUE D'ITALIE
AV. DU GÉNÉRAL-LECLERC
AVENUE DU MAINE
BD RASPAIL
BD SAINT-MICHEL
RUE MONGE
BD ST-GERMAIN
BD HENRI-IV
BD DE SÉBASTOPOL
BD DE MAGENTA
BD DE STRASBOURG
R. DU FBG-ST-DENIS
R. DE LA CHAPELLE
R. M.-DORMOY
BD ORNANO
BD BARBÈS
LA FAYETTE
AV. DE SAINT-OUEN
A 1
A 3
A 4
A 6

LES INVALIDES, VUS DU SOMMET DE LA TOUR MONTPARNASSE

journeesdupatrimoine.culturecommunication.gouv.fr
Ouverture de monuments habituellement fermés au public. Entrées gratuites.
Fête des jardins
→ *Un w.-e. fin sep.*
Visites, ateliers, concerts...
Festival d'automne
→ *Mi-sep.-fin déc.*
www.festival-automne.com
Danse, théâtre, musique, cinéma, arts plastiques.
Octobre
Nuit blanche
→ *Début oct. (19h-7h)*
Une nuit culturelle où les artistes créent l'événement dans des lieux insolites.
Fête des vendanges de Montmartre
→ *2e w.-e. (en général) d'oct.*
Défilés des confréries pour fêter la nouvelle cuvée.
Foire internationale d'art contemporain (FIAC)
→ *5 j. fin oct. www.fiac.com*
La plus grande manifestation française du genre.

BUDGET

Un lit en auberge de jeunesse : 20-35€.
Une chambre dans un hôtel 2 étoiles : 70-120€.
Un plat dans une brasserie : 12-20€ ; un menu dans un néobistrot : 30-35€.
Une entrée au musée : 7,50-13€.
Un expresso : 1,50-3€.
Une pression : 2,50-4,50€.
Une entrée en club : 10-25€.

HORAIRES

Banques
→ *Lun.-sam. 9h-17h (ou 16h)*
Magasins
→ *En général, lun.-sam. 10h-19h Parfois fermés lun.*
Musées
→ *En général, 10h-18h*
Musées municipaux fermés lun., nationaux le mar. Nocturnes dans certains.
Parcs et jardins
→ *En général, tlj. 8h-coucher du soleil (9h w.-e.)*

OUVERTS 24H/24

Pharmacie Européenne (D A4)
→ *6, pl. de Clichy (9e)*
Tél. 01 48 74 65 18
Restaurant Au Pied de Cochon (B A2)
→ *6, rue Coquillière (1er)*
Tél. 01 40 13 77 00
Poste du Louvre (B A2)
→ *52, rue du Louvre (1er)*
Tél. 36 31 Tlj. 7h30-6h

SE RESTAURER

Les établissements
Mieux vaut réserver, surtout le soir, les meilleures tables étant très convoitées.
La boulangerie
Croissants du matin... et la sacro-sainte baguette de pain. Sandwichs.
Le café
Pour un petit noir (expresso), au comptoir ou en terrasse.
Le fast-food branché
Chaînes de type Cojean, Jour, etc. : petits plats et en-

ARCHITECTURE

Paris gothique (XIIe s.-début XVIe s.)
Chapelles rayonnantes, voûtes d'ogives et arcs brisés. **Cathédrale Notre-Dame (A** E2)
Paris classique (XVIIe-XVIIIe s.)
Hôtels particuliers et édifices imposants : sobriété du décor et symétrie. **Invalides (F** F2)
Paris haussmannien (seconde moitié du XIXe s.)
Préfet de 1853 à 1870, le baron Haussmann modifie le paysage urbain de Paris, inchangé depuis le Moyen Âge. Culte de l'axe et d'une monumentalité discrète, emploi de la pierre de taille : création des Grands Boulevards, aménagement de parcs et de jardins, extension des égouts. **Boulevard Saint-Germain (A** A2-E3) **Jardins du Luxembourg (A** B3)
Paris Art nouveau (1893-1912)
Mélange de matériaux novateurs et goût pour les courbes et l'asymétrie, chers à Hector Guimard. **Bouche de métro Abbesses (D** B4)
Paris Art déco (1912-1939)
Formes géométriques et pures, volumétries massives.
Palais de Chaillot (F D1)
Paris contemporain
Dans la veine du postmodernisme. **Bibliothèque nationale de France (H** C4), **musée du Quai-Branly (F** D1), **Fondation Louis-Vuitton** (hors plan **E** A3)

CARTE DE VISITE

- 2,2 millions d'habitants intra-muros (12,2 millions dans l'aire urbaine)
- 3e mégapole d'Europe
- 20 arrondissements
- 105 km^2
- Ville la plus visitée du monde : 29 millions de touristes chaque année
- 208 théâtres et cafés-théâtres, 144 musées
- 10 000 cafés et restaurants, 1 600 hôtels
- Fleuve : la Seine, qui traverse Paris sur 13 km
- 37 ponts
- Altitude maximale : 130 m (Montmartre)
- Classées au Patrimoine mondial de l'Unesco : les rives de la Seine

COUCHER DE SOLEIL SUR LA TOUR EIFFEL ET LA SAINTE-TRINITÉ

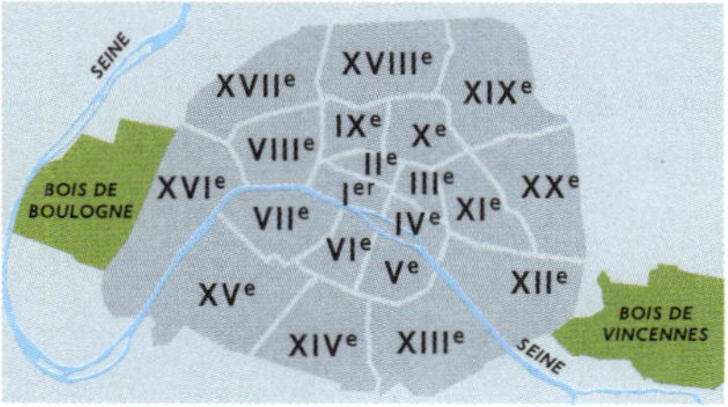

ARRONDISSEMENTS DE PARIS

DE LUTÈCE À PARIS

52 av. J.-C. Défaite des Parisii contre les Romains.
508 Clovis fait de Paris la capitale des Francs.
1572 Massacre de la Saint-Barthélemy.
1789 Prise de la Bastille.
1841 Enceinte de Thiers : limite actuelle de la ville.
1860 Grands travaux d'Haussmann.
Paris passe de 12 à 20 arrondissements
Mai 1871 La Commune : Paris frondeuse.
1900 Jeux olympiques, Exposition universelle.
Août 1944 Paris libéré.
Mai 1968 Les barricades fleurissent dans le quartier Latin.

INTERNET

Paris en ligne
→ *www.parisinfo.com*
Site de l'office de tourisme.
→ *www.paris.fr*
Portail officiel de la ville.
→ *www.quefaire.paris.fr*
→ *www.parisbouge.com*
→ *www.sortiraparis.com*
Agenda des sorties.
Cafés Internet
Milk
→ *31, bd Sébastopol (1er)* (**B** C2)
→ *5, rue d'Odessa (14e)* (**G** B3)
Cybercafés ouverts 24h/24.

INFORMATIONS TOURISTIQUES

Office de tourisme et des congrès de Paris
(**C** D3)
→ *25-27, rue des Pyramides (1er)*
Tlj. 10h (9h mai-oct.)-19h
Pas de téléphone
Infos, réservations d'hôtels et d'excursions. Aussi des bureaux d'accueil : gare du Nord (**D** D4), gare de l'Est (**J** A4), gare de Lyon (**I** C3), M° Anvers (**D** C4), dans l'Hôtel de Ville (**B** C3) et ponctuellement porte de Versailles (**F** D4). Syndicat d'initiative de Montmartre (indépendant), place du Tertre (**D** C3).

TÉLÉPHONE

Numéros utiles
Police
→ *Tél. 17*
Pompiers
→ *Tél. 18*
Samu
→ *Tél. 15*
N° d'urgence européen
→ *Tél. 112*
Renseignements
→ *Tél. 118 712 / 118 218*
Objets trouvés
→ *Tél. 08 21 00 25 25*

CALENDRIER

Mars-mai
Banlieues Bleues
→ *Mi-mars-mi-avr.*
www.banlieuesbleues.org
Festival de jazz en Seine-Saint-Denis.
Marathon de Paris
→ *Avr. www.parismarathon.com*
Nuit des musées
→ *Mi-mai*
www.nuitdesmusees.culture.fr
Accès gratuits et visites insolites en nocturne.
Juin
Paris Jazz Festival
→ *Les w.-e. de juin et juil.*
www.parisjazzfestival.fr
Le meilleur du jazz au Parc floral de Vincennes.
Gay Pride
→ *Fin juin www.gaypride.fr*
La célèbre parade, de Montparnasse à Bastille.
Fête de la Musique
→ *Le 21*
www.fetedelamusique.culture.fr
Concerts gratuits partout !
Festival Solidays
→ *Dernier w.-e., 3 j.*
www.solidays.org
Sur l'hippodrome de Longchamp, associations et artistes contre le SIDA.
Juillet-août
Fête nationale
→ *14 juil.*
Feux d'artifice, bals des pompiers, défilé militaire sur les Champs-Élysées.
Paris quartiers d'été
→ *Mi-juil.-début août*
www.quartierdete.com
Théâtre, danse, concerts...
Festival de cinéma en plein air de la Villette
→ *Mi-juil. à mi-août*
Sur les pelouses de la Villette (**J** D2), le plus grand cinéma de Paris à ciel ouvert.
Paris-Plage
→ *4 à 5 sem. mi-juil.-fin août*
Les voies sur berge (et le bassin de la Villette) prennent des airs de bord de mer : sable et transats !
Septembre
Jazz à la Villette
→ *1re quinzaine*
www.jazzalavillette.com
Jazz éclectique et arts vivants au parc de la Villette.
Journées du patrimoine
→ *3e w.-e. de sep.*

Les incontournables

Les 10 lieux de visite à ne manquer sous aucun prétexte !

Les îles (A C1-F3)
Au commencement, étaient les îles : la Cité et Saint-Louis. Kilomètre 0 des routes françaises, siège des pouvoirs politique, judiciaire et religieux dès le IIIe s., l'île de la Cité, remaniée par Haussmann, n'a d'yeux que pour sa monumentale Notre-Dame. Dans son ombre, l'île Saint-Louis prête ses ruelles à de romantiques flâneries et ses quais à de mémorables pique-niques.

La Seine et ses ponts
Le fleuve roi traverse Paris sur 13 km, enjambé par 37 ponts qui sont autant de fenêtres sur la ville et ses monuments : on s'embrasse comme les *Amants* sur le Pont-Neuf, on trinque sur le pont des Arts, on s'imagine en 1900 sur le pont Alexandre-III, on récite Apollinaire sous le pont Mirabeau, on admire la tour Eiffel du pont d'Iéna, et même une réduction de la statue de la Liberté, du pont de Grenelle !

Quartier Latin (A)
"Latin", car c'est dans cette langue qu'y fut dispensé l'enseignement de l'Université, dès le XIIIe s. Tour à tour, la Sorbonne, le Collège de France, le lycée Henri-IV ont fait de ces pentes de la rive gauche le fief estudiantin de Paris, tandis que sur le "Boul'Mich" résonnent encore les slogans de Mai 68... Plus de pavés, pas de plage, mais on refait toujours le monde dans les bars de la montagne Sainte-Geneviève ou dans les cinémas d'art et essai de Saint-Michel...

Saint-Germain-des-Prés (A)
Si le quartier doit son nom à son abbaye, élevée au VIe s., il doit sa légende au monde des arts et des lettres. Après-guerre, Sartre et Beauvoir parlent existentialisme au Café de Flore, et Boris Vian donne le ton dans les caves de jazz... L'esprit de Saint-Germain règne encore dans la quiétude des rues, où les librairies et maisons d'édition côtoient désormais les grandes marques de la mode.

Le Marais (B)
Un "marais" urbanisé au XIIIe s., puis élu au XVIIe s. par la haute société : autour de la place des Vosges, fleuriront les hôtels particuliers qui font l'attrait du quartier. Aujourd'hui, c'est un fief de la communauté juive (rue des Rosiers) et de la communauté gay... Les bars et les boutiques s'y multiplient.

Grands musées : Louvre (C E3), **Orsay (C** C4), **Centre Georges-Pompidou (B** C3)
Ne serait-ce que pour ces trois musées, Paris vaut un voyage ! Le Louvre compose un panorama artistique universel de l'Antiquité à 1848, et recèle entre autres joyaux *La Joconde*. Orsay prend le relais, de 1848 à 1914 : éblouissantes collections impressionnistes et postimpressionnistes. Enfin, le Centre Pompidou explore la création aux XXe et XXIe s. Pour preuve ? Son architecture même, signée Rogers et Piano, tout en tuyaux de couleurs vives.

Montmartre (D)
À la fin du XIXe s., cette butte de 130 m jalonnée de moulins, et où pousse encore la vigne, attire la bohème littéraire et artistique : Renoir, Pissarro, Toulouse-Lautrec, Aristide Bruant... C'est le temps des guinguettes, des bals et des cabarets... Si les clichés parigots s'y entremêlent aujourd'hui, il suffit de s'éloigner un peu du Sacré-Cœur et de la place du Tertre pour humer l'air de l'un des derniers "villages" parisiens, aux ruelles pavées escarpées.

Champs-Élysées (E D3-F4)
L'avenue de tous les surperlatifs : la plus belle, la plus prestigieuse, la plus chère de la capitale ! Née du désir de créer une perspective digne du Roi-Soleil, elle sera modelée au fil des siècles pour s'inscrire dans l'axe monumental qui relie le Louvre, la Concorde, l'Arc de Triomphe et la Grande Arche de la Défense. Bordée de boutiques de luxe, de grandes enseignes et de cinémas, elle ne cesse d'attirer les foules, et plus encore à Noël quand elle se pare de mille feux.

Tour Eiffel (F D1)
La création célébrissime d'un ingénieur virtuose, Gustave Eiffel, pour l'Exposition universelle de 1889 : 320 m de haut, 18 000 pièces de métal et 2,5 millions de rivets ! À voir du Trocadéro pour sa majesté, du dessous pour son étonnante beauté, de l'intérieur pour la sublime vue sur Paris, ou encore la nuit pour le miroitement de ses 20 000 ampoules (5 premières minutes de chaque heure jusqu'à 1h du matin). Ascension à pied (pilier sud, 1 665 marches) ou en ascenseur jusqu'aux 1er (musée et petit film sur la Tour), 2e (restaurant) et 3e étages (bureau d'Eiffel).

Canaux et parc de la Villette (J)
Voulus par Napoléon Ier pour alimenter Paris en eau potable, le canal Saint-Martin et le canal de l'Ourcq s'étirent de la Bastille à la Villette. Réhabilités dans les années 1990, ils charment avec leurs passerelles et écluses, cafés et magasins tendance. Tout au bout, le parc de la Villette ne connaît pas l'ennui : jardins thématiques pour petits et grands, pelouses ponctuées de folies rouge carmin, Cités des sciences et de la musique, concerts et cinéma en salles ou à ciel ouvert l'été, etc. Le prétexte idéal pour guider ses pas vers l'Est parisien !

PONT DES ARTS

CANAL SAINT-MARTIN

TOUR EIFFEL

CAFÉ DE FLORE

MONTMARTRE

ROSA BONHEUR SUR SEINE

Le Marais (B D3)
Quartier gay.
Pigalle (D B4)
Bars *trendy* au sud des bd de Clichy et Rochechouart.
Bibliothèque (H D4)
L'univers alternatif des péniches-concerts. Transats sur leurs quais l'été.
Bastille (I B2)
Un classique de la nuit.
Canal Saint-Martin (J A4) Oberkampf (I B1) Ménilmontant (J C5)
Les quartiers branchés de l'Est parisien.

SHOPPING

Soldes
En janvier et fin juin-juillet.
Grands magasins
Le BHV Marais (**B** C3)
→ *52, rue de Rivoli (4e) Lun.-sam. 9h30-20h (21h mer.)*
Le temple du bricolage !
Le Bon Marché (**G** B1)
→ *24, rue de Sèvres (7e) Lun.-sam. 10h-20h (21h jeu.-ven.)*
Le plus élégant.
Galeries Lafayette (**D** A6)
→ *35-40, bd Haussmann (9e) Lun.-sam. 9h30-20h (21h jeu.)*
Printemps (**D** A6)
→ *64, bd Haussmann (9e) Lun.-sam. 9h35-20h (20h45 jeu.)*
Les deux plus beaux grands magasins de Paris.
Marchés aux puces
Puces de Saint-Ouen (hors plan **D** A1)
→ *M° Porte de Clignancourt Sam. 9h-18h, dim.-lun. 10h-18h (17h lun.)*
Le doyen et le plus vaste.
Puces de Montreuil (hors plan **I** F2)
→ *M° Porte de Montreuil Sam.-lun. 7h-19h30*
Puces de Vanves (hors plan **G** A5)
→ *Av. M.-Sangnier et G.-Lafenestre M° Porte de Vanves W.-e. 7h-19h30*
Charmant bric-à-brac, antiquités proprettes.
Marchés alimentaires
Place Maubert (**A** D3)
→ *Mar., jeu., sam. 7h-14h30 (15h sam.)*
Bd R.-Lenoir (**I** B2)
→ *Jeu., dim. 7h-14h30 (15h dim.)*
Rue d'Aligre (**I** C3)
→ *Mar.-dim. 7h30-13h30 (14h30 w.-e.)*
Bd de Belleville (**J** B5)
→ *Mar., ven. 7h-14h30*
Bd de la Chapelle (**D** D4)
→ *Mer. 8h-13h, sam. 7h-15h*
Marchés aux fleurs
→ *Pl. de la Madeleine (8e)* (**C** C1) *Lun.-sam. 8h-19h30 (selon saison)*
→ *Pl. Louis-Lépine, île de la Cité (4e)* (**A** D2) *Tlj. 8h-19h30 (19h dim.)*

ESPACES VERTS

Plus de 460 parcs, squares et jardins à Paris. Pour les deux bois, voir page "Les échappées" en fin de guide.
Bois de Boulogne (F A1-3)
Location de vélos à l'entrée du Jardin d'acclimatation.
Bois de Vincennes
(hors plan **I** F4)
Chemins, pistes cavalières et circuits cyclotouristiques.

TENDANCE(S)

La Seine retrouvée
Les rives du fleuve, longtemps délaissées, reprennent vie ! La rive gauche est piétonne du musée d'Orsay (**C** C2) au pont de l'Alma (**E** D4), et la rive droite, du pont Royal (**C** D3) au port de l'Arsenal (**I** B3) ! Buvettes, pétanque, jeux, barges festives, concerts, etc. Rosa Bonheur sur Seine (**F** F1)
Friches ferroviaires
Les terrains réaffectés de la SNCF attirent le tout Paris : la halle Pajol (**J** A3) et ses adresses branchées, le parc Martin-Luther-King (**E** E1)... Sans compter la Petite Ceinture en voie de réhabilitation, et ses gares transformées ! La Recyclerie (**D** C1)
→ *www.larecyclerie.com*
Rooftops
L'architecture haussmannienne en a longtemps privé les Parisiens, mais les *rooftops* fleurissent depuis quelques années et l'on y sirote un verre au-dessus des rumeurs de la ville ! Nüba (**H** C3), Le Perchoir (**I** C1), Point éphémère (**J** B3)
Petites portions
Ou "*small plates*" ou "néo-tapas"... des plats version mini pour pouvoir goûter à tout et partager. Convivial ! Lucien la Chance (**E** F2), Les Petits Plats (**G** B5)
Pâtisseries monomaniaques
Chou, chantilly, éclair, macaron... Les addicts sont à la fête ! L'Éclair de génie (**B** E3), Maison de la Chantilly (**F** E2)

JARDIN DES TUILERIES

CENTRE POMPIDOU

L'AILLEURS À PARIS

Belleville (J B5)
L'Asie rue de Belleville, le Maghreb bd de Belleville.
Rue des Rosiers (B D3)
Delis et pâtisseries juives.
Barbès / Goutte d'Or (D D3-4)
L'Afrique et le Maghreb au marché de Château-Rouge, dans les boutiques et petits restaurants.
Passage Brady (D D6)
L'Inde le long d'un joli passage couvert. Aussi à La Chapelle (**J** A3).
Rue Sainte-Anne (C E2)
Le Japon et ses cantines.
Avenue d'Ivry / porte de Choisy (H B5)
Le petit Chinatown.

cas élaborés, sur place ou à emporter.
La cantine ambulante
Très à la mode ! Burgers (Cantine California, Le Camion qui fume), mais aussi mozzarella (Mozza & Co), *bo bun* (Le Camion Bol)... servis par des camions mobiles (*food trucks*). Trajets sur leurs sites Internet.
Le bistrot parisien
Souvent familial. Pour un petit creux : plats du jour, salades, assiettes de fromage ou de charcuterie, pichet de vin.
Le néobistrot
Cuisine classique revisitée dans une ambiance de bistrot. Très en vogue.
La brasserie
À toute heure, fruits de mer, steak-frites, choucroute et autres plats traditionnels à arroser d'une bière.
Le restaurant
Cuisine française ou d'ailleurs. Cave fournie.

Cours de cuisine
Ateliers-dégustation pour tous : plats d'antan, sushis, cuisine moléculaire...
L'Atelier des Chefs
→ *www.atelierdeschefs.fr*
Sur tous les thèmes. 5 adresses à Paris.
École Lenôtre
→ *www.lenotre.com*
Créations du célèbre traiteur : *10, av. des Champs-Élysées* (**C** B2) *; 22, av. de la Porte-de-Vincennes* (hors plan **I** F3).

VISITES

Enfants
Dans certains musées, jeux, visites guidées, ateliers.
Gratuité
Musées nationaux
→ *1er dim. du mois pour tous ; tlj. pour les - de 26 ans pour les collections permanentes*
Musées de la Ville de Paris
→ *Tlj. pour la visite des collections permanentes*
Maison de Victor Hugo (**B** E4), Petit Palais (**E** E4) et musées de la Vie romantique (**D** B4), Cernuschi (**E** E2), d'Art moderne (**F** D1) et Bourdelle (**G** A2).
Tarifs réduits
Étudiants, 18-25 ans, + de 60 ans, chômeurs.
Paris Museum Pass
→ *Dans les musées concernés ou à l'office de tourisme Forfait 2, 4 ou 6 j. : 48€, 62€ ou 74€*
Accès libre à plus de 50 musées et sites.

SPECTACLES

Réservations
Fnac
→ *Tél. 08 92 68 36 22 www.fnacspectacles.com*
Une centrale généraliste : théâtre, concerts, festivals...
Réductions
Kiosques jeunes (13-30 ans)
→ *101, quai Branly (15e)* (**F** D2)
Tél. 01 43 06 15 38
Mar.-ven. 13h-18h
→ *14, rue F.-Miron (4e)* (**B** C4)
Tél. 01 42 71 38 76
Lun.-ven. 11h-18h45
→ *1, rue Fleury (18e)* (**D** D4)
Tél. 01 42 62 47 38
Mar.-ven. 11h-13h, 14h-19h
Kiosques théâtre
→ *15, pl. de la Madeleine (8e)* (**C** C2)
→ *Esplanade Montparnasse (14e)* (**G** B3)
→ *Pl. des Ternes (17e)* (**E** D2)
Mar.-dim. 12h30-20h (16h dim.)
Places à 50 % le jour même.
Théâtres privés
Dans la plupart, places à 10€ pour les - de 26 ans, 1h avant le spectacle.
Programmes
Officiel des spectacles, Pariscope
Agendas culturels. En kiosque le mer.
Télérama Sortir
Suppl. de l'hebdo. Le mer.

SORTIES

Quartier Latin, Saint-Germain (A C2)
Étudiant et jazzy.

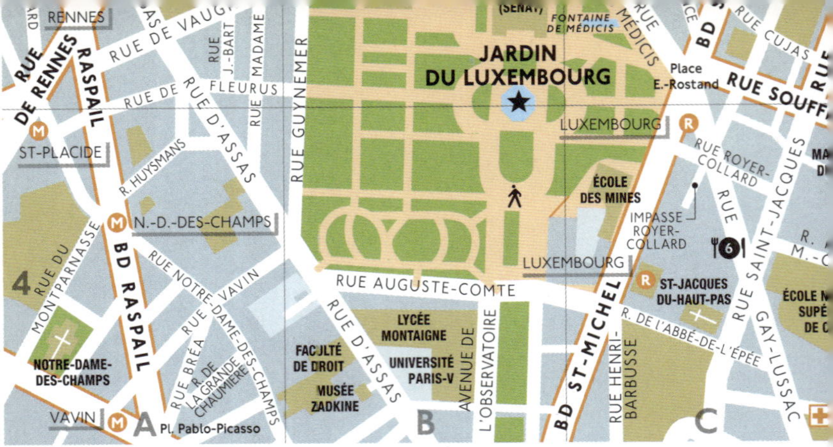

MUSÉE DE CLUNY

PANTHÉON

JARDIN DU LUXEMBOURG

★ Pont-Neuf C1
À la pointe de l'île de la Cité, le plus vieux, le plus célèbre et l'un des plus longs ponts de Paris, achevé en 1604 pour permettre au roi Henri IV de passer d'une rive à l'autre. Presque cachée à deux pas, la place Dauphine, deuxième place royale de la capitale, bâtie à partir de 1607 en l'honneur du dauphin, a conservé l'élégance de sa jeunesse.

★ Conciergerie D2
→ 2, bd du Palais (1er)
Tél. 01 53 40 60 97
Tlj. 9h30-17h30
L'aile nord du vaste palais de justice, où s'installa au XIVe s. l'intendant (ou "concierge") chargé d'administrer le palais et la prison. Visite de la monumentale salle des Gens d'armes (XIVe s.) et des anciennes cellules où fut enfermée Marie-Antoinette.

★ Sainte-Chapelle D2
→ 8, bd du Palais (1er)
Tél. 01 53 40 60 80 Mars-oct. : tlj. 9h30-17h30 (21h30 mer. mi-mai-mi-sep.) ; nov.-fév. : tlj. 9h-16h30 Fermé 12h45-14h15
Un joyau gothique édifié à la demande de saint Louis (1245-1248) pour abriter les reliques de la Passion du Christ. L'utilisation des contreforts remplaçant les arcs-boutants, l'usage d'armatures et de chaînages métalliques ont permis le déploiement d'immenses verrières, dont la verticalité est accentuée par l'étroitesse de l'édifice. Sur plus de 15 m de hauteur, des vitraux éblouissants de finesse retracent 1 134 scènes de l'Ancien et du Nouveau Testament, ainsi que l'histoire de Louis IX recevant les saintes reliques.

★ Cathédrale Notre-Dame E2
→ 6, pl. du Parvis-Notre-Dame (4e) Tél. 01 42 34 56 10
Tlj. 7h45-18h45 (19h45 w.-e.)
***Tours** Avr.-sep. : tlj. 10h-17h45 (juil.-août : 23h ven.-sam.) ; oct.-mars : tlj. 10h-16h45*
La construction de l'imposante cathédrale, amorcée en 1163, portera l'architecture gothique à son apogée. La rose sud, saisissante de beauté, la légèreté des arcs-boutants et la finesse de la flèche élèvent l'édifice au rang de chef-d'œuvre.

★ Île Saint-Louis E2
Cette petite île naquit de la réunion de deux îlots servant de pâturages, lorsqu'en 1614, Christophe Marie, l'entrepreneur, y bâtit un quartier. Plus intime que sa voisine de la Cité, elle a conservé ses superbes hôtels particuliers, ses ruelles et ses escaliers moussus qui descendent jusqu'à la Seine.

PONT-NEUF

CONCIERGERIE

SAINTE-CHAPELLE

A

Les îles / Quartier Latin / Saint-Germain

Cœur historique et géographique de Paris, l'île de la Cité dévoile les prestigieux vestiges de l'ancienne cité royale. Rive gauche, le quartier Latin, ses universités, ses maisons d'édition et ses cinémas d'art et essai. Vers le sud, le "Boul'Mich" monte vers le jardin du Luxembourg, en frôlant la Sorbonne, et la rue Soufflot ouvre une perspective majestueuse sur le Panthéon, juché sur la montagne Sainte-Geneviève. À l'ouest, la place de l'Odéon a conservé son élégance d'antan, et de la rue Saint-André-des-Arts s'échappent des ruelles médiévales. Tout près : Saint-Germain-des-Prés, ses cafés littéraires d'après-guerre et ses vitrines de mode.

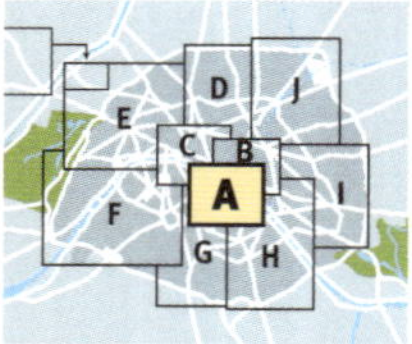

LUISA MARIA

LES PAPILLES

RESTAURANTS

Cosí B2 ❶
→ *54, rue de Seine (6e)*
Tél. 01 46 33 35 36 Tlj. 12h-23h
Cosí, comme *Cosí fan tutte* de Mozart... Ici l'opéra du jour s'affiche sur l'ardoise ! Délicieux pains cuits au four garnis de produits frais : saumon, tapenade, tomates confites, etc. Menu 10,50-13€.

Luisa Maria C3 ❷
→ *12, rue Monsieur-le-Prince (6e) Tél. 01 43 29 62 49 Lun.-sam. 12h-14h30, 19h30-23h*
Dans un beau cadre contemporain aux meubles de brocante, une jumelle du Maria Luisa au *2, rue Marie-et-Louise* (**J** A5). Pâtes de toutes les formes et fondantes pizzas rouges ou blanches (sans tomates). Plat 10,50-22€.

Le Petit Saint-Benoît B2 ❸
→ *4, rue Saint-Benoît (6e)*
Tél. 01 42 60 27 92
Lun.-sam. 12h-14h30 (15h sam.), 18h30-22h30
Depuis 1901, cette brasserie tenue par la famille Gervais-Daffis semble figée dans le temps : nappes à carreaux et tiroirs à serviettes pour les habitués. Cuisine de grand-mère : os à moelle, pot-au-feu, hachis parmentier... Plat 12,50-17€.

Le Pré Verre D3 ❹
→ *8, rue Thénard (5e)*
Tél. 01 43 54 59 47 Mar.-sam. 12h-14h, 19h30-22h30
Cet excellent néobistrot ne désemplit pas ! Les assiettes explosent de saveurs et jouent avec les épices, les vins sont bien choisis et le menu du midi reste imbattable. Menu 14,50€ (déj.), 32€.

Le Comptoir du Relais Saint-Germain C2 ❺
→ *7, carrefour de l'Odéon (6e)*
Tél. 01 44 27 07 97
Lun.-ven. 12h-18h, 20h30-22h ; w.-e. 12h-23h
Le bistrot gourmand d'Yves Camdeborde, star de la bistronomie parisienne. Salle de poche, décor rétro et terrasse sur le trottoir pour une formule brasserie (journée et w.-e.) ou un dîner gastronomique (sem., sur rés.). Crêperie et bar à hors-d'œuvres à l'Avant-Comptoir au n° 3. Plat 17-25€, menu 60€ (soir).

Les Papilles C4 ❻
→ *30, rue Gay-Lussac (5e)*
Tél. 01 43 25 20 79 Mar.-sam. 12h-14h, 19h-22h30
Glanés par un patron du Sud-Ouest, les crus de propriété tapissent cette épicerie-bistrot lustrée. Charcuteries et cuisine traditionnelle avec, à midi, une cocotte du marché.

Index des rues, des monuments et des lieux de visite

Les noms de rues et de lieux de visite, classés par ordre alphabétique, sont suivis d'un carroyage, dont la lettre en gras **A, B, C...** indique le quartier et la carte correspondante. L'étoile ✪ renvoie à la page "Les incontournables" en début d'ouvrage.

Rues

Basilique de St-Denis
13 St-Denis–Université
CDG
B
Parc des Expositions
B
Le Bourget
La Courneuve Aubervilliers
La Courneuve 8 Mai 1945 7
St-Denis–Porte de Paris
Stade de France St-Denis
La Plaine Stade de France
Aubervilliers Front Populaire 12
Aubervilliers–Pantin Quatre Chemins
Fort d'Aubervilliers
Bobigny Pablo Picasso 5
Pantin
4
Simplon
Jules Joffrin
Marcadet Poissonniers
Porte de la Chapelle
Marx Dormoy
Porte de la Villette
Bobigny–Pantin R. Queneau
E
Funiculaire de Montmartre
Château Rouge
Corentin Cariou
Église de Pantin
Barbès Rochechouart
La Chapelle
Crimée
Anvers
Riquet
Stalingrad
Ourcq
Laumière
Porte de Pantin
Hoche
Gare du Nord
Magenta
7bis
Louis Blanc
Jaurès
Bolivar
Danube
Pré St-Gervais
7bis
Mairie des Lilas
11
Poissonnière
Château Landon
Colonel Fabien
Buttes Chaumont
Botzaris
3bis
Cadet
Gare de l'Est
Belleville
Pyrénées
Jourdain
Place des Fêtes
Télégraphe
Porte des Lilas
Le Peletier
Château d'Eau
Jacques Bonsergent
Saint-Fargeau
Strasbourg St-Denis
Goncourt
Couronnes
Grands Boulevards
Bonne Nouvelle
Ménilmontant
Pelleport
Temple
République
Réaumur Sébastopol
Arts et Métiers
Oberkampf
3bis
Porte de Bagnolet
Gallieni 3
Sentier
Parmentier
Père Lachaise
Gambetta
Filles du Calvaire
Rue St-Maur
Mairie de Montreuil 9
Châtelet Les Halles
St-Sébastien Froissart
St-Ambroise
Philippe Auguste
Rambuteau
Croix de Chavaux
Richard Lenoir
Voltaire
Alexandre Dumas
Hôtel de Ville
Chemin Vert
Châtelet
11
Bréguet Sabin
Robespierre
Cité
St-Paul
Charonne
Maraîchers
Avron
Porte de Montreuil
Bastille
Rue des Boulets
St-Michel Notre-Dame
Pont Marie
Ledru-Rollin
2
Buzenval
Sully Morland
Faidherbe Chaligny
6
Nation
A
Cluny La Sorbonne
Maubert Mutualité
Gare de Lyon
Reuilly–Diderot
Pte de Vincennes
St-Mandé
Quai de la Rapée
Montgallet
Picpus
Bérault
Cardinal Lemoine
Jussieu
Bel-Air
1
Gare d'Austerlitz
Daumesnil
Château de Vincennes
Place Monge
Michel Bizot
Port-Royal
Censier Daubenton
10
Dugommier
Porte Dorée
OrlyBus
Denfert Rochereau
Les Gobelins
Saint Marcel
Bercy
Porte de Charenton
Campo Formio
Quai de la Gare
Cour St-Émilion
Liberté
St-Jacques
Place d'Italie
Charenton–Écoles
Corvisart
Chevaleret
Bibliothèque Fr. Mitterrand
Glacière
5
Nationale
14 Olympiades
École Vétérinaire de Maisons-Alfort
Tolbiac
Maisons-Alfort–Stade
Cité Universitaire
Maison Blanche
Porte d'Italie
Porte d'Ivry
Pierre et Marie Curie
Ivry sur-Seine
Maisons-Alfort Les Juilliottes
Le Kremlin Bicêtre
Porte de Choisy
Créteil–L'Échat
Gentilly
Villejuif Léo Lagrange
Mairie d'Ivry 7
Vitry sur-Seine
Créteil–Université
Villejuif Paul Vaillant-Couturier
Créteil–Préfecture
Orlyval tarification spéciale
Orly
Villejuif Louis Aragon 7
C
D
8 Créteil Pointe du Lac

Transports à Paris

GIVERNY / FONDATION C.-MONET

LES ÉCHAPPÉES

Roi-Soleil ! Appartements royaux et éblouissante galerie des Glaces, Petit et Grand Trianon, charmant Hameau de la reine et surtout, aux beaux jours, le parc et ses bosquets.

La Petite Venise

→ Allée d'Apollon (parc du château) Tél. 01 39 53 25 69 Tlj. 12h-17h30 (18h avr.-oct.)

Dans l'ancien atelier de gondoles du temps de Louis XIV, un élégant restaurant italien en plein cœur du parc du château. Terrasse au milieu des rosiers l'été, et vente à emporter. Plat 12-23,50€.

Domaine de Chantilly

→ À 40 km au nord
En train gare du Nord ou RER D Chantilly-Gouvieux, puis 20 min à pied (ou taxi) Tél. 03 44 27 31 80 Mer.-lun. 10h-18h

Le château de Chantilly (XVIe et XIXe s.) offre un splendide écrin aux collections de peinture du duc d'Aumale (Raphaël, Poussin, Watteau…). Appartements aux boiseries rocaille, Grandes Écuries (spectacles équestres), Grand Parterre de Le Nôtre (XVIIe s.) et jardins.

Le Hameau

→ Parc de Chantilly
Tél. 03 44 57 46 21 Mars : tlj. 12h-17h ; avr.-mi-nov. : tlj. 12h-18h

Une maisonnette à colombages dans la verdure. Cuisine du terroir… mais c'est la crème Chantilly qui a fait sa renommée ! Menu 22-44€.

Château de Vaux-le-Vicomte

→ À 55 km au sud-est
En train gare de Lyon, arrêt Melun, puis navette "châteaubus" le w.-e.
Tél. 01 64 14 41 90 Mi-mars-mi-nov., Noël : tlj. 10h-18h

Le sublime château de Nicolas Fouquet, jalousé par Louis XIV. De mai à sep., soirées aux chandelles, magiques.

Le Relais de l'Écureuil

→ Dans les dépendances du château Tél. 01 64 14 41 90
Mars : w.-e. 10h-18h ; avr., oct., Noël : tlj. 10h-18h ; mai-sep. : tlj. 10h-23h

Le self-service propose petit déjeuner, déjeuner, goûter, mais aussi dîner lors de soirées aux chandelles. Menu 20-25€. Plus gastronomique, Les Charmilles, sur la terrasse des communs, le sam. soir de mai à début oct. (menu 49,50€).

Giverny

→ À 70 km au nord-ouest
En train gare de Saint-Lazare, arrêt Vernon, puis navette
Fondation Claude-Monet
84, rue Claude-Monet
Tél. 02 32 51 28 21
Avr.-nov. : tlj. 9h30-18h

À l'orée de la Normandie, le "village des peintres". On y va pour la maison où Monet vécut 43 ans : grand atelier, jardin fleuri, nénuphars, pont japonais.

Terra Café

→ 99, rue Claude-Monet
Tél. 02 32 51 94 61 Fin mars-début nov. : tlj. 10h-18h

Un agréable restaurant-salon de thé, lumineux, dont la terrasse s'ouvre sur le jardin du musée des Impressionnismes, l'autre institution culturelle de Giverny. Menu 19-23€.

ET AUSSI

Disneyland Paris / Marne-la-Vallée

→ À 32 km à l'est RER A Marne-la-Vallée-Chessy
Tél. 0825 30 05 00
www.disneylandparis.fr

Les échappées

CHÂTEAU DE VERSAILLES

DOMAINE DE CHANTILLY

À 1 heure de la capitale, balades et bonnes adresses !

Bois de Vincennes

→ *M° Château-de-Vincennes*
Zoo *Tél. 01 49 57 24 84*
Tlj. 9h30-19h
À 15 min du cœur de Paris en métro : balades le long des allées, lac où voguer en barque, hippodrome, pagode... On visite aussi le château, forteresse royale (XIVe s.) et son donjon, un des plus hauts d'Europe (50 m). Le parc Floral étend ses jardins paysagers sur 31 ha. Enfin, le zoo a fait peau neuve en 2014, mais conserve son célèbre rocher où s'ébattent les singes !

Les Officiers / Vincennes
→ *3, av. de Nogent*
Tél. 01 43 28 25 10 Tlj. 8h-1h
Une brasserie proche du parc Floral et du château. Salades, grillades ou tapas au fil de la journée, et terrasse toute l'année. Menu 14,50€ (midi sem.) ; brunch 25€ (dim.) ; plat 12-17€.

Bois de Boulogne

→ *M° Porte-Maillot, Les Sablons, Porte-Dauphine*
Fondation Louis-Vuitton
8, av. du Mahatma-Gandhi (16e)
Tél. 01 40 69 96 00
Lun., mer.-ven. 12h-19h (23h ven.) ; w.-e. 11h-20h
L'autre poumon vert, à l'ouest de Paris. Aménagé sous Napoléon III, il est doté de lacs, d'étangs, d'allées sablonneuses, d'une cascade. La Fondation Vuitton, conçue par Frank Gehry, y déploie douze voiles de verre aériennes, abritant des expositions d'art contemporain. Tandis que le parc de Bagatelle alterne folie, vastes pelouses et jardins de fleurs par espèces, dont les célèbres rosiers.

Le Frank
→ *Tél. 01 58 44 25 70 Lun., mer.-sam. 12h-19h (0h ven.-sam.)*
Le restaurant de la Fondation Vuitton se distingue autant par son décor et sa terrasse que par la cuisine de son chef, Jean-Louis Nomicos. Menu midi 28-38€, plat 22-38€. Dans le Bois, également Le Chalet des îles (**F** A1).

Basilique-cathédrale Saint-Denis

→ *À 11 km au nord*
1, rue de la Légion-d'Honneur
M° Basilique Saint-Denis
Tél. 01 48 09 83 54 Avr.-sep. : tlj. 10h (12h dim.)-18h15 ; oct.-mars : tlj. 10h (12h dim.)-17h15
Ce chef-d'œuvre de l'art gothique abrite la nécropole des rois de France : superbe art funéraire du XIIIe au XVIe s, de Dagobert à Henri II.

Bigoudène Café / Saint-Denis
→ *11, allée des Six-Chapelles*
Tél. 01 48 09 34 84
Lun.-sam. 9h-17h
Trois lieux en un : crêperie le midi, salon de thé le matin et l'après-midi, épicerie fine toute la journée. Convivialité et spécialités bretonnes à toute heure ! Galette 3,80-7,80€.

Château et parc de Versailles

→ *À 22 km à l'ouest*
En train gare Saint-Lazare, arrêt Versailles-Rive-Droite, ou RER C arrêt Versailles-Rive-Gauche
Tél. 01 30 83 78 00 Avr.-oct. : mar.-dim. 9h-18h30 ; nov.-mars : mar.-dim. 9h-17h30 ***Parc*** *Tlj. 7h-20h30 (18h nov.-mars)*
L'extraordinaire château du

GARES ET EMBARCADÈRES

PARIS SUR SEINE

Bateaux-mouches
Batobus
→ *Tél. 08 25 05 01 01*
9 escales de la tour Eiffel au Jardin des Plantes. Prix 16€ (1 j.), 19€ (2 j.).
Bateaux parisiens
→ *Au pied de la tour Eiffel*
Tél. 01 76 64 14 45
Pour un tour jusqu'à l'île de la Cité. Prix 14€.
Canauxrama
→ *Tél. 01 42 39 15 00*
Croisières sur les canaux. Prix 12-18€.
Compagnie des Bateaux-Mouches
→ *Tél. 01 42 25 96 10*
www.bateaux-mouches.fr
Dîners au fil de l'eau.

Un homonyme du mythique hôtel d'Arletty, croulant sous la verdure : 23 chambres proprettes, belle salle à manger voûtée... et vélos à disposition, à deux pas du canal ! 86€.
Solar Hôtel (G B4)
→ *22, rue Boulard (14e)*
Tél. 01 43 21 08 20
www.solarhotel.fr
Un initiateur tout-écolo, exemplaire pour la capitale : panneaux solaires, recyclage, et pas de wifi pour les 24 chambres claires. Courette arborée et prêt de vélos. Tarif unique 89€.
Mama Shelter (I E2)
→ *109, rue de Bagnolet (20e)*
Tél. 01 43 48 48 48
www.mamashelter.com
Un hôtel qui détonne dans le populaire quartier Saint-Blaise. 172 chambres épurées avec confort dernier cri et déco signée Philippe Starck.
À partir de 89€.

100-150€

La Maison Montparnasse (G A4)
→ *53, rue de Gergovie (14e)*
Tél. 01 45 42 11 39 www.lamaisonmontparnasse.com
Dans une petite rue du quartier Pernety, un hôtel cosy et coloré, fuchsia au 1er étage, jaune au 2e, prune au 3e et orange au 4e ! 105-135€.
Hôtel Saint-André-des-Arts (A C2)
→ *66, rue Saint-André-des-Arts (6e) Tél. 01 43 26 96 16 www.hotel-saintandredesarts.fr*
La sobre déco puise dans le XVIe s. : 31 chambres de caractère, parées de poutres, celles sur rue étant largement éclairées. Petit déj. maison. 105-138€.
Hôtel Esmeralda (A D2)
→ *4, rue Saint-Julien-le-Pauvre (5e) Tél. 01 43 54 19 20*
www.hotel-esmeralda.fr
Une "auberge" du XVIIe s., aux murs penchés, aux escaliers de bois et aux rideaux de velours pourpre. Vue sur Notre-Dame côté rue. 115-130€.
Ermitage Sacré-Cœur (D C3)
→ *24, rue Lamarck (18e)*
Tél. 01 42 64 79 22
www.ermitagesacrecoeur.fr
Une adorable villa du XIXe s. devenue maison d'hôtes : 5 chambres et 3 appartements douillets, dans un style anglais fleuri. À l'arrière, un jardinet avec vue sur la Butte ! 125-135€.
Familia Hôtel (A D3)
→ *11, rue des Écoles (5e)*
Tél. 01 43 54 55 27
www.familiahotel.com
Depuis 1930, un hôtel familial admirablement tenu. Tapisseries et pierres apparentes. Au n° 13, le Minerve, ouvert par le même patron : chambres plus spacieuses et un brin plus chères. 134-191€.
Hôtel des Grandes Écoles (A D4)
→ *75, rue du Cardinal-Lemoine (5e) Tél. 01 43 26 79 23 www.hotel-grandes-ecoles.com*
Dans le vieux Paris, une élégante maison fin XIXe s., véritable cottage avec jardin et 51 chambres : décors floraux ou en toile de Jouy, meubles anciens. 140-165€.

PLUS DE 150€

Hôtel Paradis (D D6)
→ *41, rue des Petites-Écuries (10e) Tél. 01 45 23 08 22*
www.hotelparadisparis.com
Un cadre signé de la décoratrice du moment Dorothée Meilichzon, mélange d'épure et de rétro : têtes de lit évoquant des nuages ou papiers peints vintage pour 38 chambres, certaines donnant sur Montmartre. 150-220€.
Color Design Hôtel (I C3)
→ *35, rue de Cîteaux (12e)*
Tél. 01 43 07 77 28 www.colordesign-hotel-paris.com

MÉTRO

ARRÊT DE BUS

STATION DE VÉLIB'

Jeux de lumières et de couleurs jusque dans les salles de bains, pour 50 chambres au mobilier inventif. 150-235€.

Hôtel Amour (D B5)
→ *8, rue de Navarin (9e)*
Tél. 01 48 78 31 80
www.hotelamourparis.fr
Dans cet hôtel peu conventionnel, 24 chambres décorées par des artistes ou les propriétaires eux-mêmes, et agrémentées d'objets chinés. Terrasse-jardin d'hiver et café-restaurant, haut lieu de la *hype* parisienne. 170-250€.

Hôtel du Petit Moulin (B E2)
→ *29-31, rue du Poitou (3e)*
Tél. 01 42 74 10 10 www.hotelpetitmoulinparis.com
Passé la façade 1900 et la magnifique réception (dans le cadre de la plus ancienne boulangerie de Paris, ouverte sous Henri IV !), place à l'éclectisme des matières et des couleurs choisies par Christian Lacroix, auteur de la déco des 17 chambres. 185-495€.

Hôtel des Grands Hommes (A D4)
→ *17, pl. du Panthéon (5e)*
Tél. 01 46 34 19 60 www.hoteldesgrandshommes.com
Un élégant hôtel du XVIIIe s. et 30 chambres dont la déco épouse l'architecture du Panthéon. Des chambres supérieures et Deluxe, vue sur le dôme. 200-510€.

Hôtel des Marronniers (A B2)
→ *21, rue Jacob (6e)*
Tél. 01 43 25 30 60 www.hoteldesmarronniers.com
Une charmante adresse, dont les chambres ouvrent sur la cour, le clocher de Saint-Germain, ou le jardin converti en salon de thé et vrai havre de paix. 205-220€.

Hôtel de Londres-Eiffel (F E1)
→ *1, rue Augereau (7e)*
Tél. 01 45 51 63 02
www.londres-eiffel.com
Parmi les 30 chambres cosy, tapissées de tissus molletonnés, 4 tutoient la tour Eiffel ! 245-360€.

PALACES

Pour goûter au luxe des plus beaux palaces, le temps d'un brunch ou d'un cocktail. Tenue correcte exigée.

Hôtel de Crillon (C C2)
→ *10, pl. de la Concorde (8e)*
Tél. 01 44 71 15 00
www.crillon.com
Le plus majestueux des palaces : décor XVIIIe s., or et marbre à tous les étages. 770€.

Ritz (C D2)
→ *15, pl. Vendôme (1er)*
Tél. 01 43 16 30 30
www.ritzparis.com
Un somptueux hôtel de la place Vendôme dont Coco Chanel fit sa résidence principale. À partir de 1 000€.

TRANSPORTS EN COMMUN

Informations RATP
→ *Tél. 34 24 www.ratp.fr*

Bus
→ *Tlj. 7h-20h30 (certaines lignes 0h30)*
59 lignes. Service réduit les dim. et j. fér.

Noctilien
→ *Tlj. 0h30-5h30*
Bus de nuit : 47 lignes.

Tramway
→ *Tlj. 5h30-0h30 (2h ven.-sam.)*
Deux lignes dans Paris : T3a, entre le pont du Garigliano et la porte de Vincennes, et T3b, jusqu'à la porte de la Chapelle. Extension jusqu'à la porte d'Asnières pour fin 2017.

Métro
→ *Tlj. 5h30-0h30/1h (1h30/2h ven.-sam.)*
Près de 300 stations et 16 lignes (numérotées de 1 à 14) dans Paris et la proche banlieue (zones 1-2).

RER
→ *Tlj. 5h30-0h30*
5 lignes rapides (A, B, C, D, E) à travers Paris et l'Île-de-France (zones 1-5).

Titres de transport

Tickets
→ *1,80€ l'unité (2€ à bord) ; 14,10€ le carnet de 10 tickets*
Vente dans les stations de métro (distributeurs automatiques) et certains bureaux de tabac.

Mobilis
→ *7-16,60€ selon les zones couvertes*
Trajets illimités sur une journée.

Paris Visite
→ *11,15-61,25€ selon durée du forfait (1,2,3 ou 5 j.) et zones couvertes*
Tous types de transports et tarifs réduits dans les monuments.

soldat de la guerre de Crimée (1856)
Voir page Transports

Lézarder à Paris-Plage
Parasols, sable blond, transats, pétanque, buvettes, concerts, activités en tout genre... L'été, les quais de Paris prennent des airs balnéaires !
→ *20 juil.-20 août env. Voie sur berge Pompidou (4e) et bassin de la Villette (19e) Éviter la foule du week-end, et penser aussi au soir, pour l'ambiance festive*

Pique-niquer
Dès les premières chaleurs du printemps, les Parisiens se donnent rendez-vous dans les parcs ou au bord de l'eau pour pique-niquer ! L'occasion rêvée pour faire des provisions chez leurs commerçants préférés (charcutier, fromager, boulanger), et préparer un fameux jambon-beurre, à arroser d'un bon petit vin.

Chiner chez les bouquinistes
Le long des quais, rive gauche et rive droite, du pont Royal au pont de Sully, s'alignent sur 3 km les boîtes vert bouteille des bouquinistes. Hautes de 1,10 m, et larges de plus de 8 m, elles constituent des mines de livres d'occasion, anciens ou rares, de gravures, cartes postales, revues, timbres, BD, etc. Une tradition qui depuis quatre siècles enchante chineurs et simples promeneurs.
→ *Tlj. vers 11h30-coucher du soleil (beaucoup ferment les jours de pluie)*

Dîner dans une brasserie
Aux étals près de la porte, l'huîtrier ouvre les précieux coquillages. À l'intérieur, les serveurs jouent leur partition en pantalon noir, chemise blanche, gilet à poche et long tablier immaculé (le "rondin"). À la carte, des plats traditionnels : tartare cru ou poêlé, choucroute alsacienne, viande charolaise ou limousine, bouillabaisse, etc.
→ *Le Terminus Nord* (**D** D4), *en face de la gare du Nord*

Sortir jusqu'au jour !
"Paris, la nuit, c'est fini" ? Loin de là ! Alternatif, underground, arty, bling-bling, bobo, techno, latino, disco, bimbo, rétro... à chacun la sienne ! Des péniches festives du 13e (**H**) aux bars à apéros du canal Saint-Martin (**J**), des terrasses d'Oberkampf (**I**) aux rades étudiants du quartier Latin (**A**), des clubs électro des Grands Boulevards (**D**) aux boîtes bling et chics du 8e arrondissement (**E**)... Et même un *after* au Concrete (**H** C3), au bord de la Seine !
→ *Attention : les ven. et sam. soir, les taxis se font rares après le dernier métro (2h)*

LA FOLIE EN TÊTE, DANS LE QUARTIER DE LA BUTTE-AUX-CAILLES

... ET MÊME LE DIMANCHE !

Programme
→ *quefaire.paris.fr/weekend*

Marchés
→ *Voir page "Bienvenue à Paris !" En général 7h-14h www.paris.fr/marches*
Marchés alimentaires et marchés aux puces.

Brunch
→ *Réserver ! Env. 20-30€*
Par exemple au **Mama Shelter** (**I** E2)... et pourquoi pas au musée ? **Le BAL Café** (**E** F2), **Café Jacquemart-André** (**E** E3).

Flânerie au 104 (**J** B2)
→ *www.104.fr*
Expos, danseurs de hip-hop, camion à pizza... Le 104 dégage une énergie propre à balayer n'importe quel blues dominical !

Shopping
→ *En général, 11h-19h*
Quartiers où les boutiques ouvrent le dim. : Marais (**B**), Abbesses (**D** B4), Champs-Élysées (**E** D3), canal Saint-Martin (**J** A4).

"Paris respire"
Zones piétonnisées le dim. : Sentier (**B** B1), voie G.-Pompidou (**I** A2), Daguerre (**G** B4), etc. Et les Champs-Élysées le 1er dim. du mois !

Spectacles en "matinée"
→ *www.offi.fr*
Le matin ou l'après-midi, au **Théâtre du Châtelet** (**B** B3), avec les enfants, à l'**Opéra Garnier** (**C** D1) ou **Bastille** (**I** B3), etc.

Transports et hôtels à Paris

BELLEVILLE

PARC DE BELLEVILLE

◄ Plan !

Mar.-dim. 12h (11h w.-e.)-19h (ouverture tardive les soirs de spectacles) www.104.fr
L'imposant édifice (1873) des anciennes Pompes funèbres, rénové en espace (de 26 000 m² !) voué à la création artistique. Le but : stimuler la production au travers de festivals, visites d'ateliers, expos, concerts... Pari réussi, il se passe toujours quelque chose au 104 ! Cafés, boutiques Emmaüs et bio.

★ Quartier de la Mouzaïa D4
→ *Rue de Mouzaïa*
Un nid de passages ombragés ouverts en 1901, entre les rues de Mouzaïa, de Bellevue et du Général-Brunet : villas coquettes avec jardinets, anciens logements ouvriers en briques, verdis de lierre...

★ Parc des Buttes-Chaumont C4
→ *Rues Manin et Botzaris (19e)*
Tlj. 7h-20h (22h mai-sep.)
Un parc de 25 ha aménagé en 1867 afin de réhabiliter ce quartier insalubre et d'offrir un espace vert au nord-est de la capitale. L'ingénieur Jean-Charles Alphand s'empara des anciennes carrières, creusant un lac, faisant jaillir cascades et ruisseaux ; les allées s'enfoncent dans les sous-bois, escaladent des rochers pour soudain émerger sur les hauteurs.

★ Butte Bergeyre B4
→ *54, av. S.-Bolívar ; 2, rue G.-Lardennois ; 19, rue Manin (19e)*
En haut d'escaliers, de jolies maisons aux façades envahies par la vigne, loties dans les années 1930 sur le site circulaire d'un ancien stade. On déambule dans ce village en escargot, avant de rêver assis sur un banc rue Georges-Lardennois, face à Paris et au Sacré-Cœur.

★ Belleville B5
Dès les premiers beaux jours, le terre-plein du boulevard de Belleville grouille de monde, les terrasses sur le trottoir sont prises d'assaut, tandis que s'échappent des échoppes alentour odeurs de thé à la menthe et notes de musique orientale. La rue de Belleville qui grimpe la colline est un petit Chinatown : bazars et restaurants s'y succèdent jusqu'à la rue des Pyrénées.

★ Parc de Belleville C5
→ *Rues des Couronnes, Piat, J.-Lacroix et Jouye-Rouve (20e)*
Tlj. 8h (9h w.-e.)-coucher du soleil
La rue Piat aboutit à un belvédère au panorama extraordinaire ! Au-dessous, les 4,5 ha de cet agréable parc dévalent les pentes d'une ancienne carrière de gypse. Cascades, pelouses, tonnelles et pieds de vigne !

LIAISONS PARIS-ORLY, ROISSY

Roissy-CDG
RER B *10€*
Roissybus *Rue Scribe M° Opéra* (**C** D1) *11€*
Car Air France *Porte Maillot* (**E** B2), *Étoile* (**E** C3), *Montparnasse* (**G** B3) *17,50€*
Taxi *Forfait 50€ (rive droite), 55€ (rive gauche)*
Orly
Orlyval *Orlyval puis RER B 12,05€*
Orlybus *Devant RER Denfert-Rochereau* (**G** C4) *7,70€*
Car Air France *M° Invalides* (**F** F2), *Montparnasse* (**G** B3) *12,50€*
Taxi *Forfait 35€ (rive droite), 30€ (rive gauche)*

BATEAU-MOUCHE, DEVANT LE PONT-ROYAL ET LE LOUVRE

TRAMWAY, LE LONG DU PARC MONTSOURIS

13e asiatique. 60-81€ (48,50-60€ sans sdb).
Hôtel du Commerce (A D3)
→ *14, rue de la Montagne-Sainte-Geneviève (5e)*
Tél. 01 43 54 89 69
www.commerceparishotel.com
Un petit hôtel estudiantin soigné : chambres colorées, excellentes literies, kitchenette au rdc (pour le petit déj.). 62-88€.
Hôtel des Arts (I C2)
→ *2 rue Godefroy-Cavaignac (11e)*
Tél. 01 43 79 72 57
www.paris-hotel-desarts.com
Dans ce quartier vivant, un immeuble décoré façon *street art*, avec 35 chambres lumineuses sur rue. 65-250€.
Hôtel Eldorado (E F1)
→ *18, rue des Dames (17e)*
Tél. 01 45 22 35 21
www.eldoradohotel.fr
Autour d'une cour verdoyante, un hôtel plein de charme : meubles chinés et déco glanée par les patrons au fil de leurs voyages. Ils tiennent aussi l'excellent bistrot des Dames au rdc. 70-150€.
Hôtel Bonséjour Montmartre (D B3)
→ *11, rue Burq (18e)*
Tél. 01 42 54 22 53
www.hotel-bonsejour-montmartre.fr
Entre rue des Abbesses et maison de Dalida, au cœur d'un Montmartre animé, 32 chambres simples rénovées, avec nouveaux sanitaires. 75-110€ (50-79€ sans sdb).
Hôtel Sainte-Marie (D D6)
→ *6, rue de la Ville-Neuve (2e)*
Tél. 01 42 33 21 61
www.hotelsaintemarie.com
Refait à neuf avec goût, ce petit hôtel conjugue pierres apparentes et tons taupe ou gris lave contemporains. 19 chambres sur cour (plus sombres) ou sur rue. 79-109€.
Hôtel Rotary (D A4)
→ *4, rue de Vintimille (9e)*
Tél. 01 48 74 26 39
www.hotel-rotary.fr
Authentique et bon enfant, cet ex-lupanar a gardé coiffeuses des Années folles et autres souvenirs. Chambres toutes différentes, dont une "chinoise" (n° 5) très intime. 81-100€.
Hôtel de Nesle (A C2)
→ *7, rue de Nesle (6e)*
Tél. 01 43 54 62 41
www.hoteldenesleparis.com
L'inspiration débridée de sa propriétaire a donné à cette demeure un cachet inimitable : 18 chambres à thèmes (Molière, Grand-Mère, Orient, Afrique…), sur une paisible ruelle ou un jardin arboré. 85-130€.
Hôtel du Nord (J A5)
→ *47, rue Albert-Thomas (10e)*
Tél. 01 42 01 66 00
www.hoteldunord-leparivelo.com

GARES ET TRAINS

Informations SNCF
Grandes lignes
→ *Tél. 36 35*
www.voyages-sncf.com
Six gares
Trains grandes lignes ou de banlieue : gare du Nord (nord), gare de l'Est (nord-est), gare de Lyon (sud-est), gare d'Austerlitz (sud-ouest, sud-est), gare Montparnasse (ouest, sud-ouest), gare Saint-Lazare (nord-ouest).

TAXIS

Enseigne "Taxi" verte : libre ; rouge : occupé. Attention, trouver un taxi le sam. soir est difficile.
Taxis bleus
→ *Tél. 36 09*
Taxis G7
→ *Tél. 36 07*

AUTOLIB'

→ *www.autolib.eu*
Voitures électriques à louer en libre-service. Plus de 800 stations à Paris. Abonnement 1 an (120€ puis 6€/30 min) ou 1 j. (9€/30 min)

VÉLIB'

→ *www.velib.paris.fr*
Bornes de location de vélo en libre-service partout dans Paris ! Très nombreuses stations, distantes de 300 m env. Abonnement 1 an (29€) ou courte durée avec carte bancaire : ticket 1 j. (1,70€) ou 7 j. (8€). Gratuit 30 min, puis 1€/30 min, 2€ la 2e demi-heure et 4€ à partir de la 3e demi-heure.

AÉROPORTS

→ *Tél. 39 50*
www.aeroportsdeparis.fr
Toutes les infos sur Roissy et Orly.
Roissy-Charles-de-Gaulle (CDG)
Trois terminaux : 1, 2 (vols réguliers) et 3 (vols charters).
Orly (ORY)
Deux terminaux : Sud et Ouest.
Paris-Beauvais-Tillé (BVA)
→ *Tél. 08 92 68 20 66*
www.aeroportbeauvais.com Navettes officielles pour Paris-Porte Maillot 16€ Durée 1h15-1h30
L'aéroport de plusieurs compagnies low-cost.

ACCÈS AÉROPORTS

Sauf mention contraire, les prix indiqués sont ceux d'une chambre double standard avec sdb, petit déj. non inclus. Il est conseillé de réserver au moins un mois à l'avance. Centrale de réservation sur le site Internet de l'office de tourisme : www.parisinfo.com

CAMPING

Camping Indigo Paris (F A1)
→ *2, allée du Bord-de-l'Eau (16ᵉ) Tél. 01 45 24 30 00*
www.campingparis.fr
L'unique camping parisien, en bord de Seine dans le bois de Boulogne : 415 emplacements (25,30-38,30€), plus de 85 cottages et roulottes (à partir de 89€ pour 4 pers.), et toutes les commodités.

APPARTEMENTS

Airbnb
→ *www.airbnb.fr*
Logements de particuliers partout dans Paris, de la chambre estudiantine sous les toits au loft de luxe. De 10 à plus de 1 000€ !

AUBERGES DE JEUNESSE

St-Christopher's Inn (J B2)
→ *159, rue de Crimée (19ᵉ) Tél. 01 40 34 34 40*
www.st-christophers.co.uk
Un radieux *backpacker* à l'anglo-saxonne, dans l'un des anciens Magasins généraux du bassin de la Villette. Vastes dortoirs de 6 à 12 lits ou chambres doubles. Restaurant, bar et club. Double 48-150€, dortoir 17-40€/pers.
Les Piaules (J B5)
→ *59, bd de Belleville (11ᵉ) Tél. 01 43 55 09 97*
www.lespiaules.com
Ambiance "bandes de potes" pour cette auberge de jeunesse nouvelle génération. Pari réussi, du café-bar en rdc jusqu'au toit-terrasse, en passant par les 34 chambres et dortoirs (2 à 8 pers.). Double 80-100€, dortoir à partir de 25€/pers.
Generator (J B4)
→ *9, pl. du Colonel-Fabien (10ᵉ) Tél. 01 70 98 84 00*
generatorhostels.com
Une auberge de jeunesse très internationale, cool et branchée, dans un édifice aussi imposant que le siège du parti communiste qui lui fait face ! Il peut accueillir 950 personnes, mais la déco inventive et les services (bar, *rooftop*, buanderie, *travel shop*, etc.) préservent la convivialité. Double 100-200€, dortoir à partir de 25€/pers.
Hostel Oops ! (H A4)
→ *50, av. des Gobelins (13ᵉ) Tél. 01 47 07 47 00*
www.oops-paris.com
Austérité bannie dans cette pimpante auberge aux chambres et dortoirs colorés, tous avec sdb. Double 70-115€, dortoir 30-43€/pers., petit déj. inclus.
Hôtels MIJE (B D4)
→ *6, rue de Fourcy ; 11, rue du Fauconnier ; 12, rue des Barres (4ᵉ) Tél. 01 42 74 23 45*
www.mije.com
En plein Marais, trois hôtels XIIIᵉ et XVIIᵉ, véritables gîtes de caractère. Chambres simples, doubles ou dortoirs de 4 à 10 lits. Repas 10,50€. Adhésion à l'association 2,50€/pers. Séjour limité à 7 nuits. Double 82€, dortoir 33,50€/pers., petit déj. inclus.

MOINS DE 100€

Hôtel Tolbiac (H B5)
→ *122, rue de Tolbiac (13ᵉ) Tél. 01 44 24 25 54*
www.hotel-tolbiac.com
Couleur et simplicité dominent ce joyeux hôtel de 47 chambres, aux portes du

Vivre à l'heure de Paris !

10 bonnes idées pour découvrir Paris autrement !

S'accouder au zinc
Il faut passer la porte des "cafés du coin", même s'ils ne paient pas de mine, car rien ne vaut un petit noir (ou un petit blanc) au zinc, pour sentir l'âme de la ville, voire d'un quartier, au gré des conversations de comptoir.
Ils rythmeraient les rues de la capitale à raison d'un pour 200 habitants !
→ *Café de la Mairie* (**A** B3), *Pure Café* (**I** C3)

Prendre une glace chez Berthillon (A F3)
À chacun son moment : le matin quand il n'y a personne, l'après-midi en flânant vers la cathédrale Notre-Dame, ou tard le soir après une chaude journée... On ne se lasse pas des cornets du plus célèbre glacier de Paris, à déguster sur les quais de l'île Saint-Louis, bien sûr ! Parmi les parfums au choix des glaces et des sorbets : praliné au citron et coriandre, thé Earl Grey, lait d'amande...
→ *L'été, préférer le matin pour éviter l'attente*

Circuler à Vélib'
Ces drôles de vélos grèges pullulent depuis 2007 ! Pour 1,70€, on se déplace autrement, par les chemins de traverse, les ruelles dédaignées par les voitures, en voie propre sur certains quais...
→ *Attention, certaines stations, surtout le soir, sont toujours pleines. D'autres... toujours vides.*
www.velib.paris.fr
Voir page Transports

Prendre le métro
S'ils l'abhorrent aux heures de pointe, les Parisiens chérissent leur métro aux édicules Art nouveau, qui sillonne la capitale depuis le début du xxe s., et dont nul ne contesterait l'efficacité. Certaines stations se transforment en musées, et des lignes en partie à ciel ouvert passent à hauteur d'immeubles !
→ *Les stations Louvre-Rivoli (copies d'œuvres du Louvre), Arts-et-Métiers (signée François Schuiten), Varenne (dédiée à Rodin) ; les lignes 2 et 6, aériennes*

Naviguer en Bateau-Mouche
C'est le soir, quand la foule s'évapore, quand les lumières magnifient la ville, qu'il faut embarquer à bord de ces bateaux "mouches". Au fil de l'eau, Paris se met en Seine grâce aux projecteurs, qui du bateau font chalouper les façades et révèlent les dessous des ponts...
→ *Admirer les mascarons du Pont-Neuf* (**A** C1) *et guetter le Zouave du pont de l'Alma* (**F** E1), *statue d'un*

BOUQUINISTES

LE BARON ROUGE

BERTHILLON

BATEAU-MOUCHE

PARC DE LA VILLETTE

LE 104

PARC DES BUTTES-CHAUMONT

LA BELLEVILLOISE

POP MARKET

PÂTISSERIE DE L'ÉGLISE DEMONCY

Tlj. 9h-2h (17h dim.-lun.)
Entre les murs de l'ancien couvent des Récollets (XVIIe s.), ce café *arty* égrène les événements : jazz, chorales, soirées dans la chapelle… Cour-terrasse ombragée.

La Sardine B5 8
→ *32, rue Sainte-Marthe (10e)*
Tél. 01 42 49 19 46
Nov.-fév. : lun.-ven. 9h-2h, w.-e. 10h-2h (16h dim.) ; mars-oct. : tlj. 9h (10h w.-e.)-2h
Sur une place aux allures provinciales, on lézarde en terrasse autour d'un demi, de tapas ou d'un petit plat. Oublié, le tumulte parisien !

Chez Prune A5 9
→ *36, rue Beaurepaire (10e)*
Tél. 01 42 41 30 47
Tlj. 8h (10h dim.)-2h
Le rendez-vous du quartier ! Déco de bric et de broc, tables sur le trottoir, plat du jour au déjeuner et assiettes froides le soir. Tout aussi bohème, le Jemmapes, de l'autre côté du canal, où dès les beaux jours, on va chercher une bière dans un gobelet en plastique pour un apéro au bord de l'eau.

Lou Pascalou C6 10
→ *14, rue des Panoyaux (20e)*
Tél. 01 46 36 78 10
Tlj. 12h-2h (1h dim.)
Un lieu indétrônable, simple et agréable, à l'image des habitués qui s'éternisent sur sa terrasse à l'écart du bruit. Concerts le dim., courts-métrages le 1er mer. du mois, impros théâtrales le 2e.

Rosa Bonheur C4 11
→ *Buttes-Chaumont (dans le parc, entrée rue Botzaris) (19e)*
Tél. 01 42 00 00 45
Mer.-dim. 12h (10h w.-e.)-0h (jeu.-dim. en hiver)
Rare à Paris, un café-guinguette dans un parc ! Tapas, sangria et large terrasse pour regarder tomber le jour, avant qu'un DJ n'anime les lieux.

Bar Ourcq B3 12
→ *68, quai de la Loire (19e)*
Tél. 01 42 40 12 26 Mi-mars-mi-nov. : mar.-dim. 15h-0h (3h ven.-sam. ; 22h dim.) ; mi-nov.-mi-mars : jeu.-dim. 15h-0h (2h ven.-sam. ; 22h dim.)
www.barourcq.fr
Aux premiers rayons du soleil, le patron sort les boules de pétanque et les transats sur les bords du canal. Comme un air de vacances ! Et pour les soirs d'hiver, canapés et jeux de société. DJ le w.-e.

Point Éphémère B3 13
→ *200, quai de Valmy (10e)*
Tél. 01 40 34 02 48
www.pointephemere.org
Dans une ancienne cimenterie, une salle de concerts underground, des expos et un bar-resto prolongé par le quai du canal, où la foule se mélange un verre à la main. Débranché !

La Bellevilloise D5 14
→ *19, rue Boyer (20e)*
Tél. 01 46 36 07 07 Mer.-jeu. 19h-1h, ven. 19h-2h, sam. 11h30-2h, dim. 11h30-17h ou 0h (selon programmation)
www.labellevilloise.com
Théâtre, expos, concerts et clubbing dans cette "maison du peuple" (1877), un vrai dédale avec ses bars arborés et son toit-terrasse d'été ! Au n° 23, dans le même esprit, la Maroquinerie et ses concerts éclectiques.

HAMMAM

Hammam Medina Center C3 15
→ *43-45, rue Petit (19e)*
Tél. 01 42 02 31 05 Lun.-ven. 11h-22h, dim. 9h-19h (femmes) ; sam. 10h-21h (mixte)
Dans ce palais des *Mille et Une Nuits*, on s'alanguit sur une pierre chaude, on s'en remet à des mains expertes en soins orientaux, puis on se relaxe avec un thé à la menthe.

SHOPPING

Pop Market A5 16
→ *50, rue Bichat (10e)*
Tél. 09 52 79 96 86
Lun.-ven. 11h-15h, 16h-19h30 ; sam. 11h-19h30
Intimes, nostalgiques et parfois burlesques, des objets plein de peps pour tous les jours : bols, coussins, radios rétro…

Pâtisserie de l'Église Demoncy C4 17
→ *10, rue du Jourdain (20e)*
Tél. 01 46 36 66 08
Lun.-ven. 9h-14h, 15h-19h45 ; w.-e. 9h-19h45 (18h30 dim.)
Depuis 1887, éclairs et tartelettes enchantent les papilles des habitants de ce village du haut de Belleville.

Épicerie Le Caire à Paris C5 18
→ *58-60, rue de Belleville (20e) Tél. 01 43 49 64 53 Tlj. 10h-22h (horaires fluctuants)*
L'épicerie d'Adel Moussa ressemble à un souk miniature : olives, épices, semoules, *borek* au fromage, café à la cardamome…

Antoine et Lili A5 19
→ *95, quai de Valmy (10e)*
Tél. 01 40 37 41 55
Été : tlj. 11h-20h ; hiver : lun.-ven. 10h30-19h30, sam. 10h-20h, dim. 11h-19h
Face au canal, trois façades jaune, verte et rose pour trois boutiques (déco, enfants et mode) qui éblouissent une journée. Irrésistibles imprimés colorés et coupes rétros ou ethniques.

J

Canal Saint-Martin / Belleville / Ménilmontant

Le long des canaux se côtoient le Paris d'hier et celui d'aujourd'hui. Au bord du canal Saint-Martin, où subsiste un parfum d'autrefois, fleurissent boutiques et cafés en vogue. Au nord, le canal de l'Ourcq s'étend jusqu'à la Villette, étrange "ville-jardin" du XXe s. surgie de nulle part. Plus au sud, le parc des Buttes-Chaumont, créé en 1864 pour réhabiliter une zone insalubre, a donné naissance à un quartier résidentiel. En contrebas, dans les anciens villages de Ménilmontant et de Belleville, quartiers populaires où planent des senteurs d'Asie et du Maghreb, l'animation règne sur le marché du boulevard de Belleville.

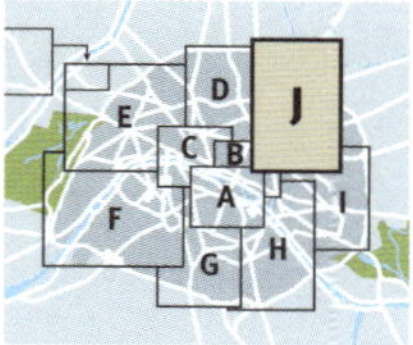

LE VIEUX BELLEVILLE

LE VERRE VOLÉ

RESTAURANTS

Lao Siam C5 ❶
→ 49, rue de Belleville (19e)
Tél. 01 40 40 09 68
Tlj. 12h-15h, 19h-23h
De l'avis de tous, l'une des meilleures cuisines thaïes de Paris, fraîche, délicate, et parfumée par les épices, le basilic, le gingembre, le lait de coco, la citronnelle... Plat 8-22€.

Mon Oncle le Vigneron C4 ❷
→ 71, rue Rébeval (19e)
Tél. 01 42 00 43 30
Lun.-sam. 11h-14h30, 18h-22h
Une épicerie-table d'hôte, tenue par un adorable couple franco-japonais : crus de petits vignerons, produits du terroir et plat unique le soir (rés.). Menu 24-28€ (dîner) ; plat 10,50-12,50€ (déj.).

Ohinéné D5 ❸
→ 14, rue de la Chine (20e)
Tél. 01 71 20 67 62
Lun. 11h-15h ; mar.-sam. 11h-15h, 19h30-22h30
Toujours avec le sourire, telle est la devise de cette Ivoirienne, dont les chips de bananes, les viandes braisées et les desserts inventifs enchantent le quartier ! Plat 10,90€ (déj.) ; 14-25€ (dîner).

Le Vieux Belleville C5 ❹
→ 12, rue des Envierges (20e)
Tél. 01 44 62 92 66 Lun., mer. 11h-15h ; mar., jeu.-ven. 11h-15h, 19h-2h (0h mar.) ; sam. 19h-2h
Un lieu comme on n'en fait plus, avec ses affiches de "Paname". Le soir, on y entonne en chœur des airs de Piaf ou d'Arletty, devant un pavé de bœuf au poivre ou un saumon braisé. Plat 14-19€.

Le Verre volé A5 ❺
→ 67, rue de Lancry (10e)
Tél. 01 48 03 17 34
Tlj. 12h30-14h, 19h30-22h30
Pourquoi les quelques tables de ce caviste-bar à vin sont-elles si courues ? Pour ses nectars choisis avec soin et ses plats exquis ! Au n° 53, le Verre volé sur mer, annexe dédiée au poisson. Plat 16-29€.

Quedubon C4 ❻
→ 22, rue du Plateau (19e)
Tél. 01 42 38 18 65
Mar.-ven. 12h-14h, 19h30-22h30 ; sam. 19h30-22h30
Digne de son nom, ce convivial restaurant-cave s'est axé sur les vins naturels et les plats frais maison. Ris de veau, turbot sauvage... Menu 15-17,50€ (déj.) ; plat 17-30€.

CAFÉS, BARS, CONCERTS

Café A A4 ❼
→ 148, rue du Fbg-Saint-Martin (10e) Tél. 09 81 29 83 38

CANAL SAINT-MARTIN

PARC DE LA VILLETTE

▲Plan D

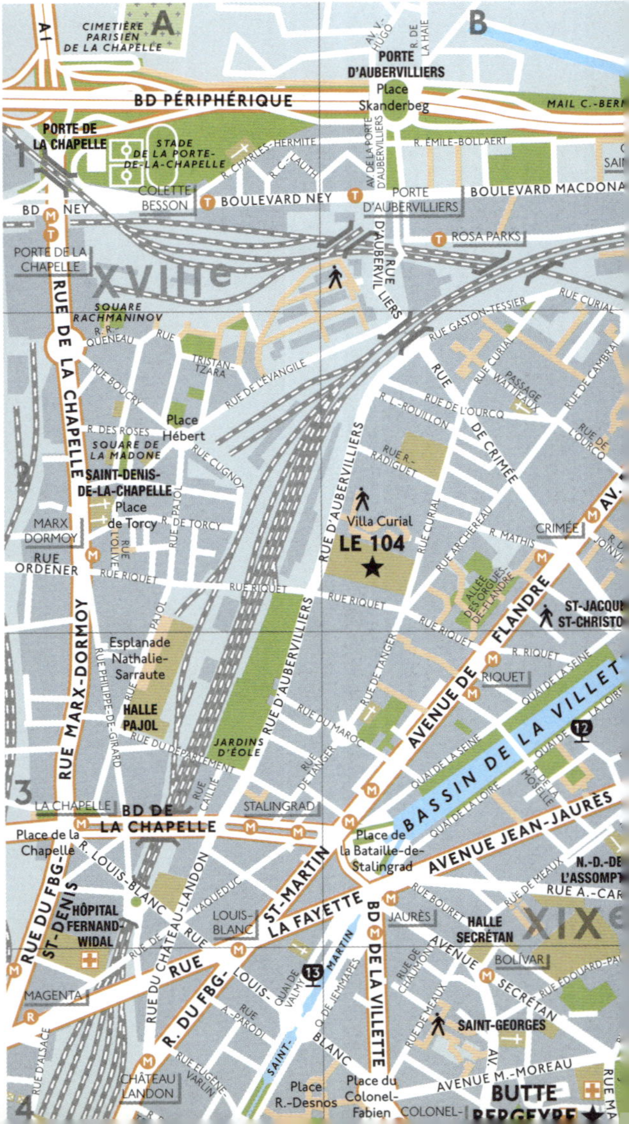

CITÉ DE LA MUSIQUE

CITÉ DE LA MUSIQUE

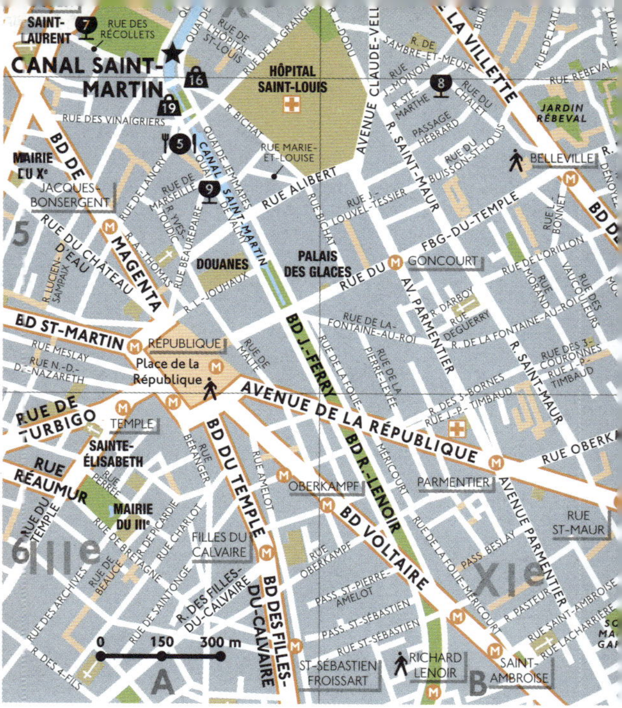

★ Canal Saint-Martin

A4

Souhaité par Napoléon et creusé de 1822 à 1825 afin d'approvisionner la capitale en eau potable, ce canal s'étire aujourd'hui en romantique balade de 4,5 km, piétonne le dimanche. Il égrène des berges plantées, rythmées de 9 écluses, de jolies passerelles métalliques et de petits squares, souvenirs d'un Paris disparu.

★ Parc de la Villette C2

Un étonnant parc paysager, achevé en 1991 à l'emplacement des anciens abattoirs de la Villette et conçu comme une "ville-jardin". Chaque été, sur ses pelouses, concerts et festival gratuit de cinéma en plein air attirent les Parisiens en mal de nature. Le sentier Bleu de la promenade cinématique sinue sur 3 km et traverse dix jardins à thème. Vers le nord-est, une piste cyclable longe le canal de l'Ourcq sur 25 km.

★ Cité des sciences et de l'industrie C2

→ 30, av. Corentin-Cariou (19e)
Tél. 01 40 05 70 00
Mar.-dim. 10h-18h (19h dim.)

Depuis 1986, un gigantesque musée interactif de la science, pour petits et grands. Les expositions Explora plongent le visiteur au cœur de l'espace, du son, etc., tandis qu'à la Cité des enfants (réserver), on aborde sciences et techniques par le jeu. Ateliers, planétarium et, à la Géode, cinéma sur écran hémisphérique de 1 000 m² !

★ Philharmonie de Paris D2

→ 221, av. Jean-Jaurès (19e)
Tél. 01 44 84 44 84
Mar.-dim. 12h (10h w.-e.)-18h
philharmoniedeparis.fr

Grand bâtiment futuriste signé Jean Nouvel (2015), la Philharmonie, doté d'un auditorium de 2 400 places, accueille une riche programmation musicale, des conférences, des ateliers d'éveil et des expositions temporaires. Ne pas manquer le toit et sa superbe vue sur Paris et ses environs !

★ Cité de la musique

D2

→ Mêmes coordonnées et horaires que la Cité de la Musique

Au sud du parc de la Villette, un temple de la musique sous toutes ses formes, de l'époque baroque à la fin du XIXe s. : au musée de la Musique, muni d'écouteurs, on suit les évolutions musicales en écoutant jouer des instruments exposés dans les vitrines. Aussi, une salle de concerts, pour un répertoire presque universel.

★ Le 104 B2

→ 104, rue d'Aubervilliers ; 5, rue Curial (19e) Tél. 01 53 35 50 00

◀Plan B

MUSÉE DE L'HISTOIRE DE L'IMMIGRATION

CIMETIÈRE DU PÈRE-LACHAISE

CIRQUE D'HIVER

dim. 9h-13h30

Le matin, la petite place d'Aligre fourmille de monde : s'y sont installés fleuristes et vendeurs de bric-à-brac. Rue d'Aligre, il faut jouer des coudes et de la voix pour accéder aux étals de fruits et légumes. Sous la belle halle Beauvau (1779), plus calme : bouchers et crémiers.

★ Coulée verte René-Dumont B3-F4

→ *Lun.-ven. 8h-coucher du soleil, w.-e. 9h-coucher du soleil*

Anciennement “Promenade plantée”, la Coulée verte s'étire sur 4,5 km, du début de l'avenue Daumesnil au périphérique, à l'endroit d'une voie ferrée désaffectée en 1969. De viaduc en passerelle, les jardins à hauteur des fenêtres des immeubles alternent plantations et végétation sauvage. À partir du jardin de Reuilly, la promenade revient au niveau de la rue, puis s'enfonce dans un tunnel et l'ancienne tranchée SNCF. Là, une piste cyclable gagne le bois de Vincennes.

★ Musée de l'Histoire de l'immigration F4

→ *293, av. Daumesnil (12e)*

Tél. 01 53 59 58 60

Mar.-dim. 10h-17h30 (19h w.-e.)

Dans le cadre monumental du palais de la porte Dorée (souvenir de l'Exposition coloniale de 1931), ce musée raconte l'histoire et les cultures de l'immigration en France depuis le XIXe s. : photos, objets et films pour une approche interactive. Aquarium au sous-sol.

★ Cimetière du Père-Lachaise D2

→ *Entrée principale bd de Ménilmontant (20e)*

Tél. 01 55 25 82 10 Nov.-mi-mars : tlj. 8h (8h30 sam. ; 9h dim.)-17h30 ; mi-mars-oct. : tlj. 8h (8h30 sam. ; 9h dim.)-18h

Avenues ombragées, ruelles tortueuses... Le célèbre cimetière parisien (1804) a l'allure d'une ville miniature. Au détour des allées se dressent les mausolées les plus extravagants, et des temples grecs côtoient de modestes sépultures. Dans ce fascinant jardin reposent Molière, Balzac, Chopin, Proust, Éluard, Édith Piaf, Jim Morrison, etc.

★ Cirque d'hiver B1

→ *110, rue Amelot (11e)*

Tél. 01 47 00 28 81

www.cirquedhiver.com

Ce très beau cirque à pans, construit par Hittorff et inauguré par Napoléon III en 1852, racheté par les frères Bouglione en 1934, a en partie retrouvé sa vocation première. Polychrome comme à l'origine, il s'orne de deux statues équestres : *L'Amazone* (Pradier) et *Le Guerrier* (Bosio et Duret).

LA MAISON ROUGE

FAUBOURG SAINT-ANTOINE

▶ Plan J

L'INTERNATIONAL

BAGUE DE KENZA

L'AUTO-ÉCOLE

de bistrot pour la table prisée d'Inaki Aizpitarte, funambule de la cuisine déstructurée, aux saveurs improbables, épatantes. Réserver ! Au n° 131, Le Dauphin, le bar à tapas d'Inaki. Menu 70€.

CAFÉS, BARS, CLUBS

Le Baron rouge B3 8
→ *1, rue Théophile-Roussel (12e) Tél. 01 43 43 14 32 Lun. 17h-22h ; mar.-ven. 10h-14h, 17h-22h ; w.-e. 10h-22h (16h dim.)*
Un bar à vin gouailleur, rendez-vous de tout le quartier après le marché... Vin au tonneau, huîtres (le w.-e., d'oct. à mars), assiettes de charcuterie et de fromages.

Pure Café C3 9
→ *14, rue Jean-Macé (11e) Tél. 01 43 71 47 22 Lun.-sam. 7h (8h sam.)-1h, dim. 9h-0h*
À l'écart de l'agitation, un petit bonheur de café parisien façon années 1920 : zinc en fer à cheval, salle lumineuse, lustres d'un artisan voisin...

Mama Shelter E2 10
→ *109, rue de Bagnolet (20e) Tél. 01 43 48 45 45 Lun.-sam. 7h (8h sam.)-1h, dim. 9h-0h*
Un paquebot de la *hype* parisienne, arrimé en plein 20e "popu". Déco genre loft new-yorkais, estampillée Starck, pour un restaurant, deux bars où se faire voir, un baby-foot, une pizzeria longiligne, des brunchs à volonté le dim., une terrasse donnant sur la petite ceinture, et une autre sur le toit (sur réservation) !

Le Perchoir C1 11
→ *14, rue Crespin-du-Gast (11e) Tél. 01 48 06 18 48 Mar.-sam. 18h-2h*
Surprise au 7e étage de cet immeuble banal : on sirote son cocktail au-dessus de Paris, à la mode des *rooftops* new-yorkais.

Le Balajo B2 12
→ *9, rue de Lappe (11e) Tél. 01 47 00 07 87 Lun. 14h-19h, mar.-jeu. 19h30-2h (4h30 jeu.), ven.-sam. 23h-aube, dim. 14h-23h www.balajo.fr*
Inauguré en 1936, le "Bal à Jo" renoue le lundi après-midi avec le thé dansant ! Soirées avec cours de salsa (mar., jeu.), rock'n'roll (mer.), tango (dim.). Clubbing jeu.-sam.

La Mécanique ondulatoire B2 13
→ *8, passage Thiéré (11e) Tél. 01 43 55 69 14 Lun.-sam. 18h-2h*
Retiré dans son passage, un bar insouciant, noir de monde dès le jeudi soir lorsque sa cave-club vibre de rythmes rock ou punk. Faire aussi un saut au Trucmush (n° 5) pour ses mix éclectiques dans une déco rouge pétante.

L'International C1 14
→ *5-7, rue Moret (11e) Tlj. 18h-2h www.linternational.fr*
Foin de *dress code* bobo dans ce bar géant ouvert à tous ! Boissons à bas prix et concerts non-stop au sous-sol, où défilent les groupes de rock, hip-hop ou électro.

SHOPPING

Isabel Marant B3 15
→ *16, rue de Charonne (11e) Tél. 01 49 29 71 55 Lun. 11h-19h, mar.-sam. 10h30-19h30*
Moult célébrités s'habillent chez cette créatrice, dont l'élégance allie des influences ethniques. Autres adresses à Paris.

Gaëlle Barré C2 16
→ *17, rue Keller (11e) Tél. 01 43 14 63 02 Mar.-sam. 11h-19h30*
Dans sa boutique-atelier, Gaëlle crée une mode rétro, poétique et féminine, taillée dans de belles matières et de ravissants imprimés.

Merci B2 17
→ *111, bd Beaumarchais (3e) Tél. 01 42 77 00 33 Lun.-sam. 10h-19h*
Au fond d'une cour, un concept-store éthique chic dans un immense volume baigné de lumière. Vêtements, meubles chinés ou design, séries limitées, cantine bio... Une partie des bénéfices est au profit d'une œuvre caritative. Pause gâteaux dans les deux cafés.

Lulu Berlu A1 18
→ *2, rue du Grand-Prieuré (11e) Tél. 01 43 55 12 52 Lun.-sam. 11h-19h*
Une boîte à trésors pour adultes nostalgiques. Figurines de *Star Wars*, ribambelle de robots japonais et autres jouets des années 1950 à nos jours.

La Bague de Kenza C1 19
→ *106, rue Saint-Maur (11e) Tél. 01 43 14 93 15 Tlj. 9h (14h30 ven.)-21h*
La meilleure pâtisserie algérienne de Paris, ses pyramides de douceurs (baklavas, cornes de gazelle...) et son salon de thé. Autre adresse : *173, rue du Fbg-St-Antoine* (**I** C3).

L'Auto-école B1 20
→ *101, rue Oberkampf (11e) Tél. 01 43 55 31 94 Lun. 14h30-20h30 ; mar.-sam. 11h-14h, 14h30-20h30*
Dans cette auto-école reconvertie, un bric-à-brac aux couleurs éclatantes : jouets, sacs, papeterie stylée, robes bariolées...

Bastille / Oberkampf / Nation

Aux alentours de la place de la Bastille, rendez-vous des noctambules, cafés et restaurants ont envahi les rues de la Roquette, de Lappe et de Charonne. Mais il faut s'enfoncer plus avant dans la rue du Faubourg-Saint-Antoine et pousser les portes, pour découvrir un étonnant dédale de cours et de passages. L'artisanat du bois, qui a fait la renommée du quartier, cohabite avec des architectes, stylistes, designers et graphistes. Au nord, la fêtarde rue Oberkampf, un classique, et ses rues adjacentes où dénicher des bars plus secrets, alternatifs ou tendance. À l'est, le cimetière du Père-Lachaise, pour une bouffée d'air.

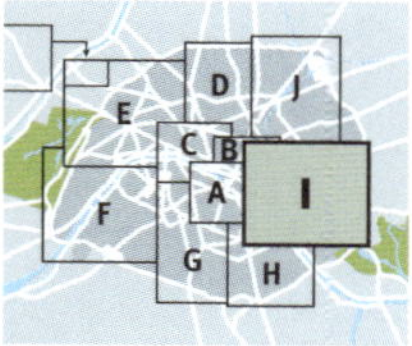

CHEZALINE

SEPTIME

RESTAURANTS

CheZaline B2 1
→ *85, rue de la Roquette (11e)*
Tél. 01 43 71 90 75 Lun.-ven. 11h45-17h (16h30 hiver)
Dans cette ancienne boucherie chevaline, les casse-croûte revisités de Delphine Zampetti : sandwichs au pot-au-feu, salades originales, velouté du jour... Surtout à emporter. En-cas 5-9€.

Little Hanoi D2 2
→ *9, rue de Mont-Louis (11e)*
Tél. 01 46 59 01 40
Tlj. 12h-14h30, 19h-22h30
La célèbre minicantine vietnamienne du 74, rue de Charonne, le Paris-Hanoi, a son annexe, plus aérée, près du Père-Lachaise : plats d'une grande fraîcheur et *Bò Bún* toujours plein de saveurs. Plat 9,50-12€.

Jacques Mélac C2 3
→ *42, rue Léon-Frot (11e)*
Tél. 01 43 70 59 27
Mar.-sam. 12h-23h
Chez Mélac, la vigne pousse en façade et Bacchus sonne les repas ! Ici on boit du vin avec du saucisson de l'Aveyron, du fromage du Cantal ou de bons plats de ménage. Menu 15€ (déj.), plat 15-20€.

Soya B1 4
→ *20, rue de la Pierre-Levée (11e) Tél. 01 48 06 33 02*
Mar. 19h-23h ; mer.-sam. 12h-15h30, 19h-23h ; dim. 11h30-15h30
Pour un repas 100 % *veggie* et vitaminé, dans un loft radieux (une ancienne robinetterie) où l'on coupe et mixe sans relâche : lasagnes, mezzés, tajine... et brunch couru le w.-e. Plat 16,90-19,90€.

Mansouria C3 5
→ *11, rue Faidherbe (11e)*
Tél. 01 43 71 00 16 Lun. 19h30-22h45 ; mar.-sam. 12h-15h, 19h30-22h45 (23h ven.-sam.)
Tenu par Fatéma Hal, un restaurant marocain pur jus, pour réapprendre le sens des mots *kascsou* (couscous) et *touagin* (tajine). Aussi traiteur. Menu 28-36€, plat 17-26€.

Septime C2 6
→ *80, rue de Charonne (11e)*
Tél. 01 43 67 38 29
Lun. 19h30-22h ; mar.-ven. 12h15-14h, 19h30-22h
Un cadre superbement brut, telles les créations spontanées de Bertrand Grébaut, inspirées de l'instant et à découvrir dans le menu fixe surprise ! Réservation très conseillée. Menu 30-60€ (déj.), 65€.

Chateaubriand B1 7
→ *129, av. Parmentier (11e)*
Tél. 01 43 57 45 95
Mar.-sam. 19h30-23h
Brouhaha et décor épuré

PLACE DE LA BASTILLE

OPÉRA BASTILLE

PORT DE L'ARSENAL

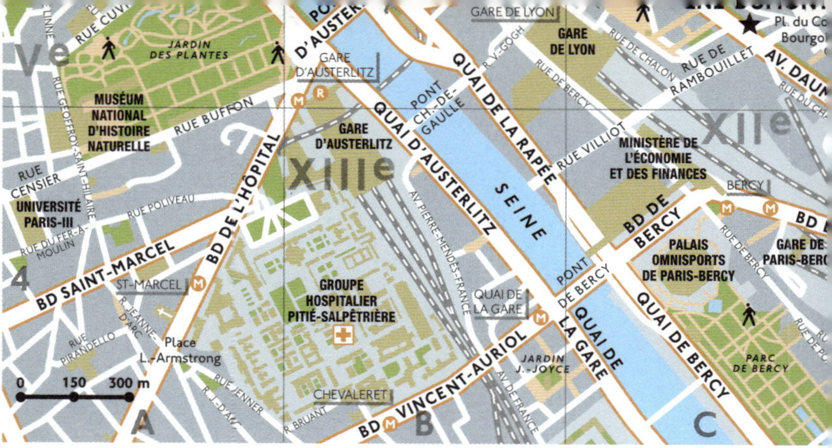

◀Plan H

MARCHÉ D'ALIGRE

COULÉE VERTE RENÉ-DUMONT

★ Place de la Bastille B2
La prise de la forteresse (XIVe s.) fera de cette place aménagée au XIXe s. le symbole de la Révolution française. Au centre, la colonne de Juillet (50 m), surmontée du *Génie de la Liberté*, rend hommage aux victimes des Trois Glorieuses (27-28-29 juil. 1830).

★ Opéra Bastille B3
→ *Pl. de la Bastille (12e)*
Tél. 01 40 01 19 70
Spectacles Tél. 08 92 89 90 90
www.operadeparis.fr
Œuvre de Carlos Ott, l'Opéra Bastille fut inauguré à la date symbolique du 13 juillet 1989 : avec cette nouvelle scène, François Mitterrand entendait permettre au plus grand nombre d'aller à l'opéra. Façade aux verrières à redans illuminée la nuit.

★ La Maison Rouge B3
→ *10, bd de la Bastille (12e)*
Tél. 01 40 01 08 81
Mer.-dim. 11h-19h (21h jeu.)
Expos d'art contemporain dans les 1 300 m² d'une ancienne usine bâtie autour d'un pavillon d'habitation (la "maison rouge"). S'y abrite aussi un salon de thé Rose Bakery.

★ Port de l'Arsenal B3
Creusé au début du XIXe s., dans les anciens fossés de la prison de la Bastille, ce port permettait d'acheminer le bois d'œuvre pour les artisans du faubourg Saint-Antoine et marquait l'entrée sud du canal Saint-Martin. Depuis 1983, un port de plaisance accueille ici 900 bateaux par an. Jardin en terrasses sur la rive est.

★ Faubourg Saint-Antoine C3
→ *Rue du Fbg-Saint-Antoine (11e/12e) Cours souvent fermées le soir et le w.-e.*
Dès 1471, le faubourg rassembla autour de son abbaye une population d'artisans autorisés à travailler librement. Le quartier s'urbanisa en un réseau de cours et de passages où œuvrent encore quelques ébénistes, doreurs, vernisseurs... À voir, au n° 56, la superbe cour pavée du Bel-Air. Au n° 66, le passage du Chantier témoigne de l'intense activité artisanale. La cour des Bourguignons, au n° 74, témoigne par son architecture de métal et de verre de l'industrialisation du faubourg au XIXe s. Au n° 75, la jolie cour de l'Étoile-d'Or est le fruit de plusieurs siècles d'urbanisme. Et, à côté, celle du n° 71 rend hommage aux Shadoks !

★ Marché d'Aligre C3
→ *Rue et place d'Aligre (12e)*
Mar.-ven. 9h-13h, 16h-19h30 ; sam. 9h-13h, 15h30-19h30 ;

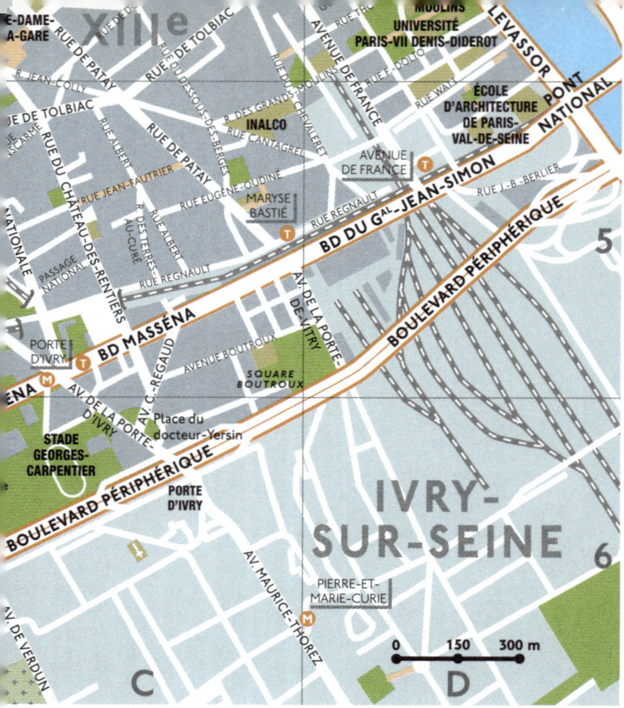

PARC DE BERCY

CINÉMATHÈQUE FRANÇAISE

nosaïques, nids-d'abeilles en stuc, boiseries de cèdre… de riches ornements dus à des artisans locaux, répartis autour de cours et jardins intérieurs dignes d'un palais des *Mille et Une Nuits*.

★ Manufacture des Gobelins A4
→ *42, av. des Gobelins (13e)*
Tél. 01 44 08 52 00
***Galerie** Mar.-dim. 11h-18h*
***Visite des ateliers** Mar.-jeu. 13h*
La manufacture royale fondée sous Henri IV, toujours en activité. Visite des ateliers et de la galerie des Gobelins : sur 1 000 m², expositions temporaires de tapisseries et de mobilier ancien et contemporain.

★ Cité de la mode et du design C3
→ *34, quai d'Austerlitz (13e)*
Les Magasins généraux (1907) convertis en "centre de valorisation de la création de la mode et du design". Carapace de verre et métal signée Jakob + MacFarlane, pour l'un des rares édifices de Paris les pieds dans l'eau : expos, galeries-boutiques, fast-food *vegan* à succès, bars, clubs et restaurants, dont un sur le toit.

★ Bibliothèque nationale de France C4
→ *Quai François-Mauriac (13e)*
Tél. 01 53 79 59 59 Mar.-sam. 10h-20h, dim. 13h-19h
Les quatre "tours-livres" imaginées par Dominique Perrault renferment depuis 1995 quelque onze millions d'ouvrages sur 420 km de rayons ! Surprenant jardin intérieur, autour duquel sont réparties les salles de lecture. Expositions.

★ Les Frigos D4
→ *19, rue des Frigos (13e)*
www.les-frigos.com
D'anciens entrepôts frigorifiques et leurs milliers de m² devenus la pépinière de 150 artistes environ. Journées portes ouvertes fin mai et deux restaurants, l'un à l'extérieur, l'autre niché dans les couloirs graffés !

★ Parc de Bercy D3
→ *Lun.-ven. 8h-coucher du soleil, w.-e. 9h-coucher du soleil*
Les entrepôts vinicoles de Bercy ont laissé place en 1994 à un parc de 13,5 ha : jardins botaniques, potager, verger et jardin romantique.

★ Cinémathèque française D3
→ *51, rue de Bercy (12e)*
Tél. 01 71 19 33 33
***Expos** Lun., mer., ven.-sam. 12h-19h ; jeu. 13h-22h ; dim. 10h-20h*
www.cinematheque.fr
Le paradis des cinéphiles dans un étonnant bâtiment de Frank Gehry (1994), sobre côté rue, déstructuré côté jardin. Musée, projections, débats, rétrospectives et conférences.

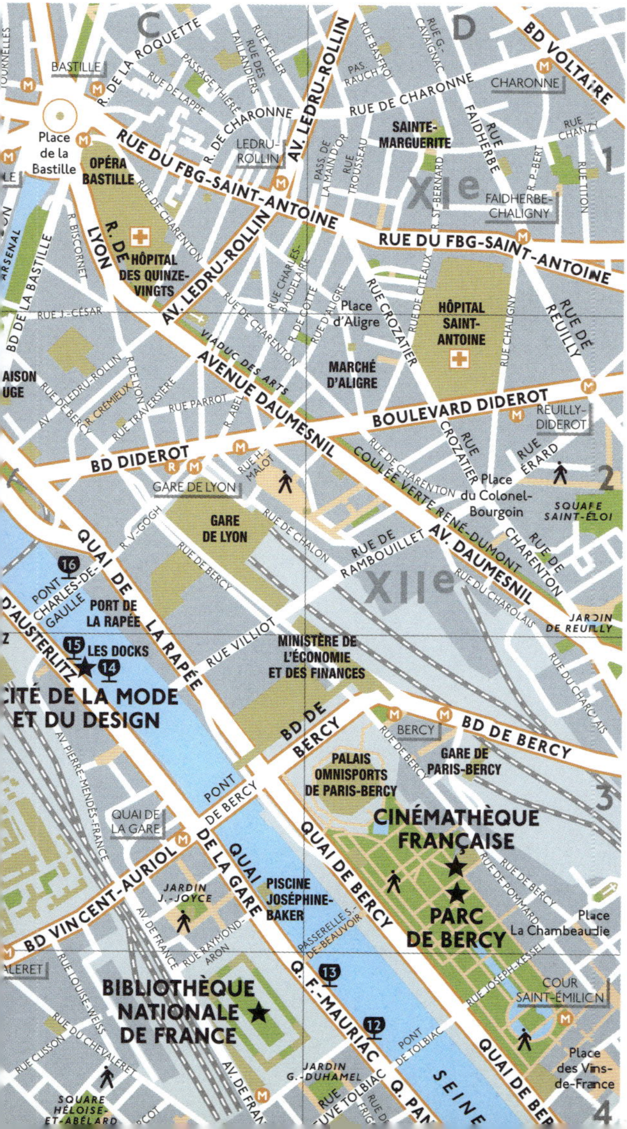

MANUFACTURE DES GOBELINS

CITÉ DE LA MODE ET DU DESIGN

BIBLIOTHÈQUE NATIONALE DE

SALON DE THÉ DE LA GRANDE MOSQUÉE

WANDERLUST

LES ABEILLES

saison et travail avec des petits vignerons. Menu 28€ (déj.), 38€.

SALONS DE THÉ, BARS, CLUBS

Salon de thé de la Grande Mosquée A2 8
→ *39, rue Geoffroy-St-Hilaire (5e) Tél. 01 43 31 38 20 Tlj. 9h30-23h30* ***Restaurant*** *12h-15h, 19h-22h30*
Dans les cours, petites tables sous les oliviers pour siroter un thé à la menthe... À l'intérieur, sofas et arcades mauresques pour un tajine ou des pâtisseries dégoulinant de miel. Hammam.

L'Âge d'or B5 9
→ *26, rue du Dr-Magnan (13e) Tél. 01 45 85 10 58 Dim.-ven. 10h-0h (2h mer.-ven. ; 20h dim.), sam. 17h-2h*
Assez singulier par ici, un bar-resto culturel où l'on profite de tout : ateliers pour petits et grands, concerts inédits, brunch dominical, etc.

La Folie en tête A5 10
→ *33, rue de la Butte-aux-Cailles (13e) Tél. 01 45 80 65 99 Lun.-sam. 17h-2h*
Dans le vieux village de la Butte-aux-Cailles, un café vivant orné d'instruments en bois de tous les pays.

Le Merle Moqueur A5 11
→ *11, rue de la Butte-aux-Cailles (13e) Tlj. 17h-2h*
Un petit bar furieux et bon enfant, toujours plein à craquer. On y démarre par quelques rhums arrangés, avant de s'égosiller et danser sur les tubes des années 1970 à 1990.

Batofar D4 12
→ *Face au 11, quai F.-Mauriac (13e) Tél. 01 53 60 17 00 www.batofar.org*
L'un des navires de la flotte branchée ancrée au pied de la BnF. Coque et intérieur d'acier pour une musique électronique toujours aussi pointue.

La Dame de Canton D4 13
→ *Face au 11, quai F.-Mauriac (13e) Tél. 01 53 61 08 49 Mar.-sam. 19h-2h (5h ven.-sam.) www.damedecanton.com*
L'ancien Cabaret Pirate, authentique jonque tout en bois, antre de concerts festifs : chanson, rock, funk, pop, world... Les ven. et sam., en général DJ jusqu'à l'aube. Selon le programme, tenter aussi les péniches voisines, notamment Le Petit Bain, et l'été, profiter des terrasses qui envahissent le quai !

Wanderlust C3 14
→ *32, quai d'Austerlitz (13e)* ***Club*** *Été : mar.-sam. 18h-4h ou 6h, dim.-lun. 11h-2h ; hiver : ven.-sam. 22h-6h wanderlustparis.com*
Le temps d'ouvrir et la Cité de la mode et du design devenait l'un des épicentres de la branchitude parisienne ! Au Wanderlust, excellent club au son explosif scandé par les néons, unique déco, mais aussi un restaurant et surtout, l'été, 1 600 m² de terrasse !

Nüba C3 15
→ *36, quai d'Austerlitz (13e) Tél. 01 76 77 34 85* ***Restaurant*** *Jeu.-sam. 12h-15h, 19h-23h* ***Club*** *Jeu.-sam. 23h-5h www.nuba-paris.fr*
Le Nüba a investi l'espace le plus prisé de la Cité de la mode : son toit ! Club *indoor* ou terrasse, pour un brunch sous les parasols ou un cocktail sous les étoiles.

Concrete C3 16
→ *69, port de la Rapée (12e) www.concreteparis.fr*
Bondé de post-fêtards électrophiles, la barge des *afters* parisiens accueille en fin de semaine les clubbers infatigables pour 19h de techno non-stop !

CINÉMA

Les Fauvettes A4 17
→ *58, av. des Gobelins (13e) Tél. 08 92 69 66 96 www.cinemalesfauvettes.com*
Original par son architecture toute de bois et de verre (2015), ce cinéma l'est aussi par sa programmation, entièrement dédiée aux classiques et films cultes, en version restaurée. Rétrospectives de grands réalisateurs et cycles.

SHOPPING

Paris Jazz Corner B1 18
→ *5, rue de Navarre (5e) Tél. 01 43 36 78 92 Mar.-sam. 12h-20h*
Une référence, depuis 1991 : plus de 40 000 CD et vinyles de toutes les variantes et les époques du jazz, mais aussi du blues, du gospel...

Les Abeilles A5 19
→ *21, rue de la Butte-aux-Cailles (13e) Tél. 01 45 81 43 48 Mar.-sam. 11h-19h*
La petite boutique spécialisée dans l'apiculture, qui vend des miels du monde et... de Paris ! Les abeilles butinent dans le 13e arrondissement.

Tang Frères B5 20
→ *44, av. d'Ivry (13e) Tél. 01 45 70 80 00 Lun.-sam. 10h-20h30*
Le plus connu des supermarchés asiatiques, où l'on déniche tout pour cuisiner comme là-bas. Aussi au nº 48 (ouvert dim.).

Il faut passer le Jardin des Plantes et la Grande Mosquée pour découvrir les ruelles animées du quartier Mouffetard. De là, la large avenue des Gobelins mène à la place d'Italie, carrefour du 13e arr. À deux pas, l'ancien village de la Butte-aux-Cailles et ses cités-jardins. Plus loin, vers la porte de Choisy, se dressent les tours du Chinatown parisien (1970) et sa multitude de cantines asiatiques. À l'est, c'est tout le front de Seine et les friches industrielles de Bercy et d'Austerlitz qui font leur mue : Cité de la mode et du design, BnF (Bibliothèque nationale de France), au pied de laquelle sont amarrées des péniches festives, pôle universitaire des Grands-Moulins, etc.

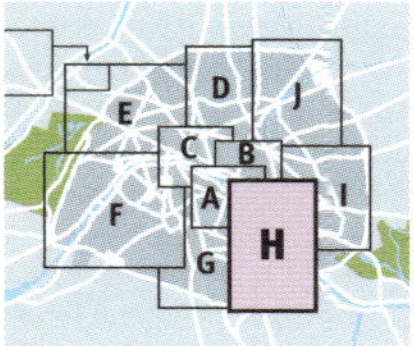

LAO LANE XANG

L'AVANT-GOÛT

RESTAURANTS

Chez Gladines A4 1
→ *30, rue des Cinq-Diamants (13e) Tél. 01 45 80 70 10 Dim.-mar. 12h-15h (16h dim.), 19h-0h ; mer.-sam. 12h-15h (16h sam.), 19h-1h*
L'esprit convivial de la Butte souffle dans cette cantine basque où, foule oblige, on partage sa table. Salades gargantuesques et recettes du Sud-Ouest. Plat 6,50-14,50€.

Lao Lane Xang B5 2
→ *105, av. d'Ivry (13e) Tél. 01 45 85 19 23 Mar.-dim. 12h-15h, 19h-23h (22h30 dim.)*
Coup de cœur pour ce petit laotien dont les mets parfumés fleurent bon la vallée du Mékong. En face (n° 102), annexe design un peu plus chère. Menu 12,50-14,50€ (déj.) ; plat 8-24€.

Li Ka Fo B5 3
→ *39, av. de Choisy (13e) Tél. 01 45 84 20 45 Tlj. 12h-0h*
Là où s'élèvent les tours du 13e asiatique, un cantonais pour manger (presque) comme à Canton ! Cuisine bonne et copieuse, prisée des familles du coin, et spécialité de marmites. Plat 8,50-13€.

Le Temps des Cerises A5 4
→ *18, rue de la Butte-aux-Cailles (13e) Tél. 01 45 89 69 48 Lun.-sam. 12h-14h30, 19h-23h30*
Depuis 1976, cette coopérative ouvrière, encore un brin libertaire, reçoit ses hôtes à la bonne franquette : joues de cochon braisées, boudin noir à la normande... Menu 13-16€ (déj.) ; 20-24,50€. Plat 12-20€.

Les Délices d'Aphrodite A2 5
→ *4, rue de Candolle (5e) Tél. 01 43 31 40 39 Tlj. 12h-14h15, 19h-23h*
La taverne gourmande des frères Mavrommátis, maîtres parisiens de la gastronomie hellénique : délicieuse moussaka et assiette ensoleillée de *mezze* fins et légers. Menu 17,50-21,50€ (déj.) ; plat 17-26€.

L'Avant-Goût A4 6
→ *26, rue Bobillot (13e) Tél. 01 53 80 24 00 Mar.-sam. 12h-14h, 19h30-22h*
Au travers de ses recettes inspirées, le chaleureux Christophe Beaufront évoque ses voyages en Méditerranée et au Japon. Son plat vedette : le pot-au-feu de cochon aux épices. Menu 16€ (déj.), 38€, plat 22-28€.

L'Ourcine A3 7
→ *92, rue Broca (13e) Tél. 01 47 07 13 65 Mar.-sam. 12h-14h30, 19h-22h30*
Un néobistrot plein d'âme et superbement orchestré : inspiration des produits de

▲ Plan G

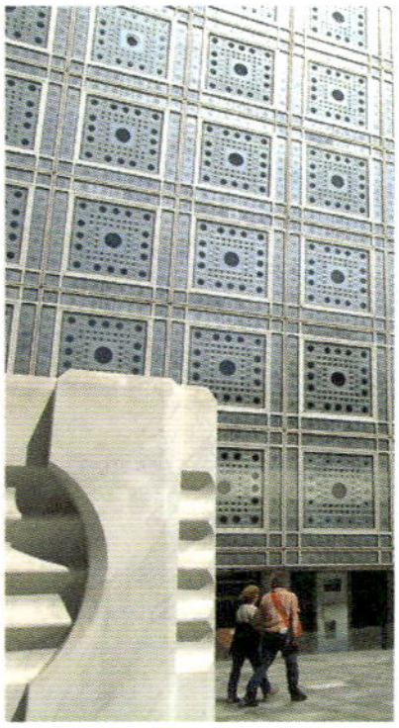

INSTITUT DU MONDE ARABE

ARÈNES DE LUTÈCE

MUSÉUM NATIONAL D'HISTOIRE NATURELLE

GRANDE MOSQUÉE DE PARIS

★ **Institut du Monde arabe** B2

→ *1, rue des Fossés-Saint-Bernard (5ᵉ) Tél. 01 40 51 38 38 Mar.-dim. 10h-18h, ven. 10h-21h30, w.-e. 10h-19h (20h pour les expositions)*
Un incroyable bâtiment conçu par Jean Nouvel et Architecture Studio (1987), transposition en matériaux contemporains du style arabo-andalou. La culture des pays arabes y est explorée sous toutes ses formes : musée de civilisation et d'art arabo-musulmans, bibliothèque, librairie, projections, concerts, danse, débats. Café.

★ **Arènes de Lutèce** A2

→ *49, rue Monge (5ᵉ) Lun.-ven. 8h-coucher du soleil, w.-e. 9h-coucher du soleil*
Dévoilés en 1869 lors du percement de la rue Monge, ces vestiges d'amphithéâtre gallo-romain (Iᵉʳ s.) se fondent dans un paisible square, terrain favori des footballeurs en herbe et des amateurs de pétanque.

★ **Jardin des Plantes** B2

→ *Pl. Valhubert ; 57, rue Cuvier ; 2, rue Buffon ou 36, rue Geoffroy-St-Hilaire (5ᵉ) Été : tlj. 7h30-20h ; hiver : tlj. 8h-17h30*
Premier parc public ouvert en 1640, le Jardin des Plantes abrite depuis 1793 le Muséum national d'histoire naturelle. Face à la Grande Galerie (1889), des parterres fleuris s'ouvrent sur une perspective de 500 m et sur deux grandes serres de fer et de verre (mexicaine et australienne) réalisées en 1834 par Charles Rohaut de Fleury. Aussi, un attrayant labyrinthe et la ménagerie, datant du début du XXᵉ s.

★ **Muséum national d'histoire naturelle** B2

→ *36, rue Geoffroy-St-Hilaire (5ᵉ) Tél. 01 40 79 30 00* ***Grande Galerie*** *Mer.-lun. 10h-18h* ***Galerie d'Anatomie*** *Lun., mer.-ven. 10h-17h (18h w.-e. avr.-oct.)*
Dans la Grande Galerie de l'évolution, la caravane d'animaux naturalisés émerveille par son réalisme. À l'est, la galerie d'Anatomie comparée et de Paléontologie, telle qu'à la fin du XIXᵉ s. : parquets cirés et vieilles vitrines, pour tout connaître sur les vertébrés, fossiles, dinosaures, etc. À voir aussi, la galerie des Enfants et celle de Minéralogie et de Géologie.

★ **Grande Mosquée de Paris** A2

→ *2bis, pl. du Puits-de-l'Ermite (5ᵉ) Tél. 01 45 35 97 33 Sam.-jeu. 9h-12h, 14h-18h*
Bâti de 1922 à 1926, le premier lieu de culte musulman à Paris propulse d'emblée en Méditerranée :

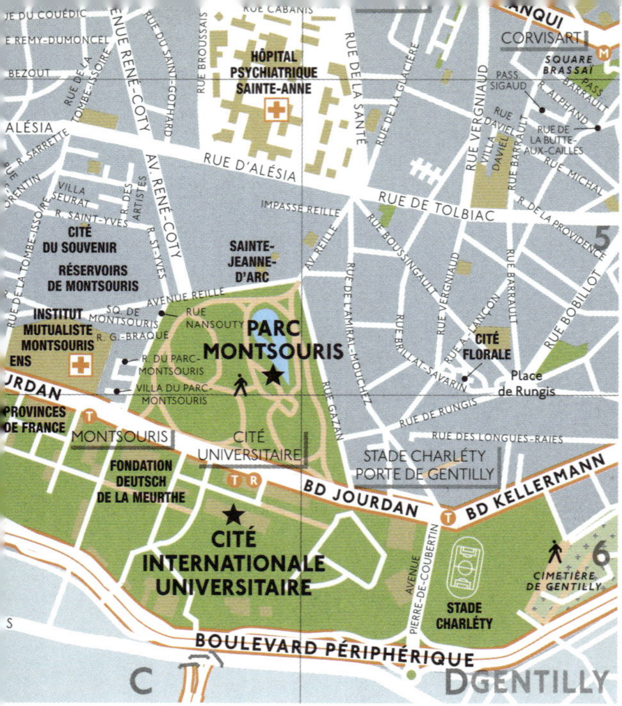

PARC MONTSOURIS

CITÉ INTERNATIONALE UNIVERSITAIRE

…iélorusse qui s'établit à …ontparnasse en 1909, à …'époque où le quartier était …e cœur de la vie artistique …arisienne. Marbre, bois, …ronze, plâtre… Autant …e matériaux utilisés …our des œuvres inspirées …ar la mythologie grecque …à l'instar de l'imposant …rométhée) ou la littérature.

★ Fondation Cartier C3
→ 261, bd Raspail (14e) …él. 01 42 18 56 50 …ar.-dim. 11h-20h (22h mar.)
…ans un insolite palais …e verre, conçu tout …n transparences …ar Jean Nouvel (1994), …'audacieuses expositions …'art contemporain (photos, vidéos, installations, etc.), des ateliers pour enfants et les fameuses soirées Nomades (concerts, poésie, danse, etc.).

★ Catacombes C4
→ 1, av. du Colonel-Henri-Rol-Tanguy (14e) Tél. 01 43 22 47 63 Mar.-dim. 10h-20h
“Arrête ! C'est ici l'empire de la mort.” C'est sous ces mots que le visiteur pénètre à l'intérieur de cet ossuaire aménagé de 1786 à 1814 dans d'anciennes carrières, quand les cimetières paroissiaux furent détruits par mesure d'hygiène. Au fil d'un labyrinthe de couloirs obscurs, crânes et fémurs de quelque 6 millions de Parisiens, méthodiquement empilés dès le XIXe s. pour la visite !

★ Parc Montsouris C5
→ Tlj. lever du soleil-coucher du soleil
L'un des plus vastes parcs de la capitale (15 ha), imaginé par Alphand dans le cadre des grands travaux du baron Haussmann, qui planifia un espace vert aux quatre points cardinaux de Paris. Jardins à l'anglaise vallonnés, pelouses, plan d'eau, kiosque à musique…

★ Cité internationale universitaire C6
→ 17, bd Jourdan (14e) Tél. 01 44 16 64 00 Tlj. 7h-22h
Créé en 1925, ce vaste campus compte quelque 12 000 étudiants chanceux de 140 nationalités différentes. Leurs 40 “maisons” s'éparpillent dans un parc de 34 ha. L'architecture du pays d'origine influence certaines, mais d'autres sont issues du mouvement moderne, comme celles de la Suisse (1930) et du Brésil (1954) dues à Le Corbusier. L'imposante Maison internationale (1936), inspirée par le château de Fontainebleau, abrite un théâtre dynamique et une cafétéria ouverte à tous, avec terrasse face au parc.

FONDATION CARTIER

CATACOMBES

LUCERNAIRE

CHERCHEMINIPPES

LA GRANDE ÉPICERIE DE PARIS

La Régalade B5 7
→ *49, av. Jean-Moulin (14e)*
Tél. 01 45 45 68 58
Lun. 19h-23h ; mar.-ven. 12h-14h30, 19h-23h (23h30 ven.)
Pourtant perdu près des Maréchaux, ce néobistrot ne désemplit pas ! Carrelage et zinc comme hier, tables serrées et mets du terroir joliment tournés. Menu 37€.

CAFÉS, BARS

Café Tournesol B3 8
→ *9, rue de la Gaîté (14e)*
Tél. 01 43 27 65 72
Tlj. 7h30-3h
Au milieu des théâtres et des sex-shops de la rue de la Gaîté, ce café jeune et coloré est vite devenu le QG de tout le 14e !

La Coupole B3 9
→ *102, bd du Montparnasse (14e) Tél. 01 43 20 14 20*
Tlj. 8h-0h (23h dim.-lun.)
Repaire des Montparnos dans les années 1930, la plus grande brasserie de Paris a toujours fière allure, même si l'esprit bohème n'y souffle plus. Sublime salle Art déco et ses 33 piliers peints.

Shannon Pub C2 10
→ *23, rue Bréa (6e)*
Tél. 01 43 26 34 70
Tlj. 18h (19h dim.)-4h30
Un pub à l'anglaise et sa drôle de déco à mi-chemin entre la Cantina de *Star Wars* et la soute d'un sous-marin ! On y boit et y on danse tard : un bon point de chute pour qui veut éviter les discothèques de Montparnasse.

La Closerie des Lilas C3 11
→ *171, bd du Montparnasse (6e) Tél. 01 40 51 34 50*
Tlj. 11h-1h30
Gide, Lénine, Hemingway, Beckett... De petites plaques en or sur les tables patinées par le temps témoignent des heures de gloire de ce café mythique fondé en 1847 ! Bois sombre, banquettes en moleskine au piano-bar, et terrasse derrière une haie touffue.

THÉÂTRE, CINÉMA

Lucernaire C2 12
→ *53, rue Notre-Dame-des-Champs (6e) Tél. 01 45 44 57 34*
Tlj. 10h30-22h30
www.lucernaire.fr
Au cœur de l'étudiant quartier Vavin, un espace multiculturel dynamique, à la fois théâtre, cinéma d'art et essai, galerie de photos, restaurant bon marché et bar déglingué avec terrasse sur le trottoir.

L'Entrepôt A4 13
→ *7-9, rue F.-de-Pressensé (14e) Tél. 01 45 40 07 50*
Tlj. 9h-0h
www.lentrepot.fr
Un cinéma (films indépendants, débats et ciné-philo) "triplé" d'un magnifique restaurant avec jardin ombragé et d'un bar-concert à la programmation composite : slam, jazz, rock, théâtre d'impro, lectures...

SHOPPING

Chercheminippes B2 14
→ *102, rue du Cherche-Midi (6e) Tél. 01 45 44 97 96*
Lun.-sam. 11h-19h
Sept friperies chics au cœur de cette rue élégante : femmes aux nos 102 et 114, accessoires au no 106, déco au no 109, enfants au no 110, hommes au no 111, ados au no 124.

Le Bon Marché B1 15
→ *24, rue de Sèvres (7e) Lun.-sam. 10h-20h (21h jeu.-ven.)*
Un des emblèmes du luxe de la capitale, le pionnier des grands magasins (1887), fondé par Artistide Boucicaut et dont Gustave Eiffel conçut la charpente.

La Grande Épicerie de Paris 16
→ *38, rue de Sèvres (7e)*
Tél. 01 44 39 81 00
Lun.-sam. 8h30-21h
La plus fine des épiceries et sa sélection de produits irréprochables, délices du monde et petits plats.

Stock Sonia Rykiel B4 17
→ *112, rue d'Alésia (14e)*
Tél. 01 45 43 80 86 Lun.-sam. 10h30 (12h lun.)-19h
Rayée ou imprimée de motifs, la mode pêchue de Sonia Rykiel rayonne dans cette rue connue pour ses magasins de déstockage. Boutique enfants au no 64.

Boucherie Hugo Desnoyer B4 18
→ *45, rue Boulard (14e)*
Tél. 01 45 40 76 67 Mar.-ven. 7h-13h, 16h-20h ; sam. 7h-17h
Près de la rue Daguerre, l'un des meilleurs bouchers parisiens, fournisseur des bonnes tables de la capitale : veau de lait, rôtis, terrines, mais aussi jambons et saucissons pour préparer son pique-nique...

P. Boursault B5 19
→ *71, av. du Général-Leclerc (14e) Tél. 01 43 27 93 30 Mar.-ven. 9h-13h, 15h30-19h30 ; w.-e. 9h-19h30 (13h dim.)*
250 variétés de fromages, dont un grand nombre de chèvres et un (rare) bleu de Termignon. Caves où l'on affine le camembert au calvados et l'époisses au marc de Bourgogne. Possibilité de mise sous vide, pour le voyage.

Du noble faubourg Saint-Germain, les rues du Cherche-Midi et du Bac flanquées de boutiques filent vers Montparnasse, que signale son imposante tour des années 1970. Autour du carrefour Vavin, cafés feutrés et brasseries Art déco témoignent de l'âge d'or du quartier, quand dès la Belle Époque et dans les Années folles, y défilait la bohème artistique... De l'autre côté du cimetière, la place Denfert-Rochereau, où trône une réplique du *Lion de Belfort* de Bartholdi, et la rue Daguerre, piétonne et commerçante. Au sud, le 14e arr., résidentiel et semé de bistrots gourmands, s'étend jusqu'au coquet parc Montsouris.

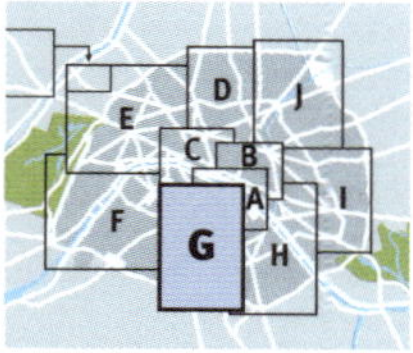

TI JOS

LES PETITS PLATS

RESTAURANTS

Ti Jos B3 1
→ 30, rue Delambre (14e)
Tél. 01 43 22 57 69
Lun.-ven. 12h-14h30, 19h-23h30 ; sam. 19h-23h30
Ouverte en 1937, l'une des bonnes crêperies de Montparnasse la bretonne, meublée en chêne massif. Galette 4-9,50€.

Enzo B4 2
→ 72, rue Daguerre (14e)
Tél. 01 43 21 66 66 Lun. 19h-22h30 ; mar.-ven. 12h-14h30, 19h-22h30 ; sam. 12h-14h30
La trattoria de poche d'Enzo : quelques tables et chaises hautes pour avaler ses pâtes et ses pizzas délicieuses, avec un vin de Sicile... Mieux vaut réserver, mais on peut aussi emporter. Plat 10-15,50€.

La Cantine du Troquet A4 3
→ 101, rue de l'Ouest (14e)
Tél. 01 45 40 04 98 Mar.-sam. 12h-14h15, 19h-22h45
Il faut se presser tôt dans la cantine basco-bobo de Christian Etchebest, où l'on ne réserve pas. Au tableau noir : poisson à la plancha, parmentier de boudin basque, riz au lait et autres petits plats rétro et bistrot. Plat 16,50-21€.

La Cabane à huîtres B2 4
→ 4, rue Antoine-Bourdelle (15e)
Tél. 01 45 49 47 27 Mer.-sam. 12h-14h15, 19h-22h15
À l'ombre de la tour Montparnasse, une cabane (presque) comme à Arcachon, celle de la famille Dubourg, ostréi-restaurateurs ! On déguste ses huîtres élevées à l'ancienne sur le sable avec un entre-deux-mers. Foie gras, magret fumé et canelés. Menu 21,90€.

Les Petits Plats B5 5
→ 39, rue des Plantes (14e)
Tél. 01 45 42 50 52
Lun.-sam. 12h-14h, 19h30-22h
Le concept de ce bistrot, tout de boiseries et moulures ? De grands mais aussi de petits plats, pour goûter tartare de poisson, viandes d'Aubrac, légumes oubliés... Menu 18 (déj.)-45€, plat 15-26€.

L'Assiette B4 6
→ 181, rue du Château (14e)
Tél. 01 43 22 64 86 Mer.-dim. 12h-14h30, 19h30-22h30
Dans ce cadre patiné à l'ancienne, David Rathgeber, formé chez Ducasse, porte les recettes traditionnelles à l'excellence ! Quenelles de sandre, tête de veau, crème caramel... Le tout d'une indéniable finesse. Menu 23€ (déj.), plat 18-28€.

MUSÉE MAILLOL

TOUR MONTPARNASSE

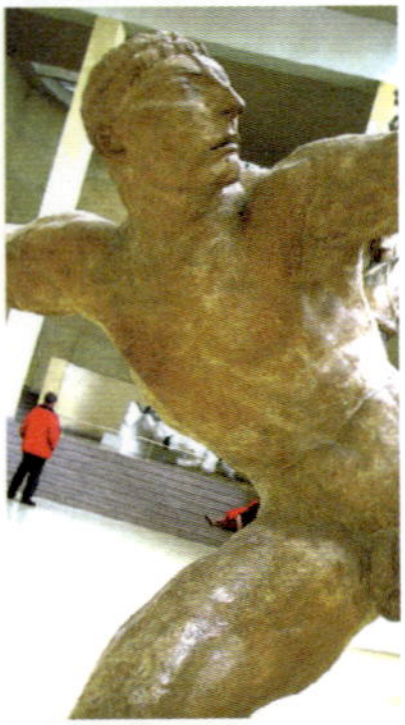

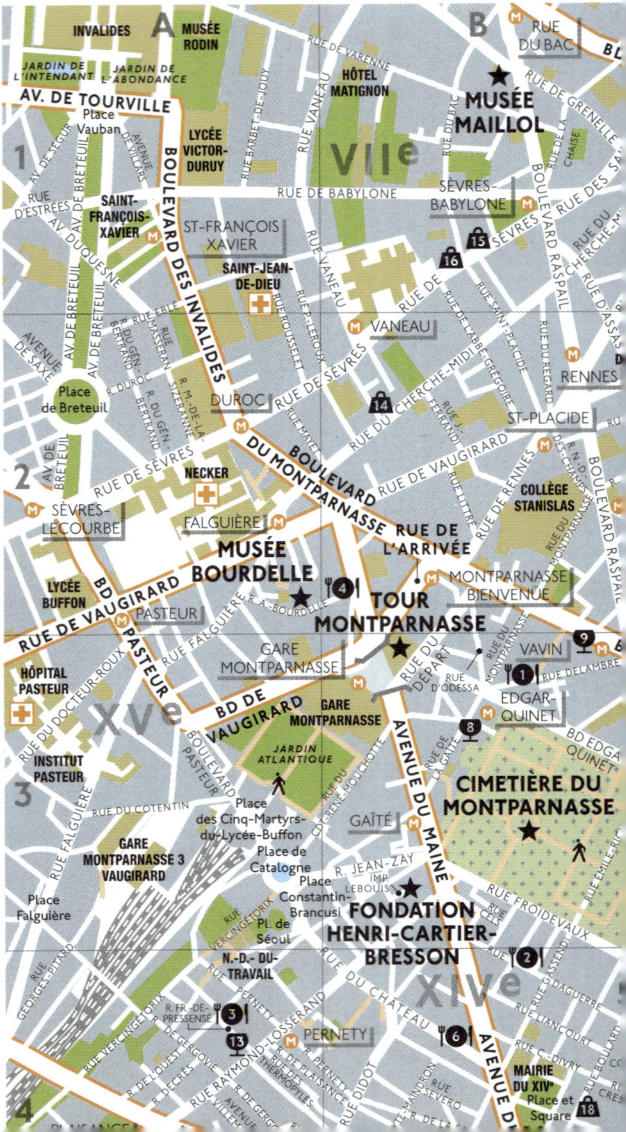

FONDATION HENRI-CARTIER-BRESSON

CIMETIÈRE DU MONTPARNASSE

★ **Musée Maillol** B1
→ *61, rue de Grenelle (7e)*
Tél. 01 42 22 59 58
Tlj. 10h30-19h (21h30 ven.)
Deux musées en un ! Ici sont exposés les sculptures d'Aristide Maillol (1861-1944), les tableaux et les dessins de ses débuts, ainsi que la collection d'art moderne de Dina Vierny, muse de Maillol : œuvres de Degas, Kandinsky, Matisse, Bonnard, Dufy, Foujita...

★ **Tour Montparnasse** B3
→ *Toit Entrée rue de l'Arrivée (15e) Tél. 01 45 38 52 56 Avr.-sep. : tlj. 9h30-23h30 ; oct.-mars : tlj. 9h30-22h30 (23h ven.-sam.)*
Le deuxième en France par sa hauteur (210 m) et l'un des rares gratte-ciel de Paris, boussole à l'esthétique polémique dès son inauguration en 1973. Au 59e étage, le toit-terrasse offre le plus beau des panoramas, en journée comme en soirée.

★ **Musée Bourdelle** A2
→ *18, rue Antoine-Bourdelle (15e) Tél. 01 49 54 73 73*
Mar.-dim. 10h-18h
Élève de Rodin, Antoine Bourdelle (1861-1929) s'installa ici en 1885 ; il façonna alors ses *Héraclès archer*, *Centaure mourant* et bustes de Beethoven. Dans les jardins, le Grand Hall, l'appartement du sculpteur, son atelier, et dans une aile moderne signée de Portzamparc (1992), plus de 500 plâtres, bronzes, marbres, etc.

★ **Fondation Henri-Cartier-Bresson** B3
→ *2, impasse Lebouis (14e)*
Tél. 01 56 80 27 00
Mar.-ven., dim. 13h-18h30 (20h30 mer.) ; sam. 11h-18h45
Dans un bel atelier d'artiste (début XXe s.), la fondation créée par le célèbre photographe (1908-2004) accueille de grandes expositions de photo documentaire (parfois de dessins et de sculptures).

★ **Cimetière du Montparnasse** B3
→ *3, bd Edgar-Quinet (14e)*
Tél. 01 44 10 86 50 Mi-mars-oct. : tlj. 8h (8h30 sam. ; 9h dim.)-18h ; nov.-mi-mars : tlj. 8h (8h30 sam. ; 9h dim.)-17h30
Dernière demeure d'écrivains et artistes qui ont fait la renommée du quartier aux XIXe-XXe s. : Baudelaire, Maupassant, de Beauvoir et Sartre (enterrés ensemble), Beckett, Ionesco, Duras, Zadkine et Gainsbourg reposent dans ce cimetière de 19 ha ouvert en 1824.

★ **Musée Zadkine** C2
→ *100bis, rue d'Assas (6e)*
Tél. 01 55 42 77 20
Mar.-dim. 10h-18h
La maison-atelier d'Ossip Zadkine (1890-1967), sculpteur d'origine

◀ Plan G

MUSÉE GUIMET

PROMENADE ARCHITECTURALE

PARC ANDRÉ-CITROËN

e bâtiment-pont jeté au-dessus d'une végétation oisonnante suit la courbe de la Seine. L'intérieur décloisonné met en valeur 3 500 objets d'arts premiers et de civilisations d'Afrique, Amérique, Asie et Océanie.

★ **Palais de Tokyo** D1
→ *13, av. du Président-Wilson (16e) Tél. 01 81 97 35 88*
Mer.-lun. 12h-0h ***Musée d'Art moderne*** *Tél. 01 53 67 40 00*
Mar.-dim. 10h-18h (22h jeu. expos temporaires uniquement)
Dans l'aile ouest d'un édifice de 1937, ce site de création contemporaine, en friche, expérimental et pluridisciplinaire, s'élève sur quatre niveaux avec expositions, restaurants, cinéma et concerts. Dans l'aile est, le musée d'Art moderne de la Ville de Paris et sa riche collection de maîtres du XXe s. : Matisse, Dufy, Picasso, Braque...

★ **Musée Guimet** D1
→ *6, pl. d'Iéna (16e)*
Tél. 01 56 52 53 00
Mer.-lun. 10h-17h45
Né en 1889 grâce à la générosité d'Émile Guimet (1836-1918), le musée national des Arts asiatiques réunit une exceptionnelle collection d'antiquités de l'Inde au Japon *via* l'Asie du Sud-Est, dont la plus riche collection d'art khmer hors du Cambodge.

★ **Musée Marmottan-Monet** B1
→ *2, rue Louis-Boilly (16e)*
Tél. 01 44 96 50 33
Mar.-dim. 10h-18h (21h jeu.)
L'hôtel particulier du collectionneur Paul Marmottan (1856-1932) prête son élégant cadre Empire aux huiles et dessins de Claude Monet et d'autres impressionnistes (Morisot, Renoir, Manet...).

★ **Promenade architecturale** B2
Le sud du calme et bourgeois 16e arrondissement cache quelques trésors de la fin du XIXe s. et du début du XXe s. : les lignes Art nouveau d'Hector Guimard rue La Fontaine (aux nos 14, 19, 60) ; les volumes géométriques de Mallet-Stevens dans une rue à son nom ; le purisme du Corbusier à la villa La Roche (*10, square du Dr-Blanche*), qui abrite la fondation de l'architecte.

★ **Parc André-Citroën** C3
→ *Lun.-ven. 8h-coucher du soleil, w.-e. 9h-coucher du soleil* ***Ballon*** *(vol selon météo)*
Tél. 01 44 26 20 00
Longeant la Seine, un parc de 14 ha créé en 1992 en lieu et place des anciennes usines Citroën. Un ballon s'élève à 150 m de haut, pour une vue insolite !

TROCADÉRO

CITÉ DE L'ARCHITECTURE ET DU PATRIMOINE

▶ Plan C/E

▼ Plan G

GÉNÉRAL BEURET

MARCHÉ AUX LIVRES

LAURENT DUBOIS

Boulogne (16ᵉ)
Tél. 01 42 88 04 69 Mars-oct. : tlj. 12h-14h30, 19h30-22h30 / nov.-fév. : mer.-sam. 12h-14h30, 19h30-22h30 ; dim. 12h-15h
Au cœur du bois de Boulogne, ce grand chalet offert par Napoléon à Eugénie se niche sur une île accessible en bac ! Cuisine classique revisitée. Brunch dim. Menu 26-34€ (déj. sem.), plat 19-32€.

L'Ami Jean E1 8
→ *27, rue Malar (7ᵉ)*
Tél. 01 47 05 86 89
Mar.-sam. 12h-14h, 19h-23h30
Le décor rustico-basque témoigne de la première vie de ce petit restaurant bruyant et chaleureux : voilà qui contraste avec les plats inventifs de Stéphane Jégo, inspirés par les saisons et le marché. Menu 42-78€, plat 40-90€.

CAFÉS, BARS

Palais de Tokyo D1 9
→ *13, av. du Pdt-Wilson (16ᵉ)*
Tél. 01 47 20 00 29 ***Smack*** *Mer.-lun. 12h-20h* ***Tokyo Eat*** *Tlj. 12h-15h, 20h-23h30 (22h30 dim.)* ***Monsieur Bleu*** *Tlj. 12h-14h30, 19h-23h (23h30 jeu.-sam.)*
Cet imposant palais dédié à l'art est aussi l'un des rendez-vous *hype* de Paris : cafétéria (Smack), table eurasienne branchée (Tokyo Eat), brasserie ultrachic (Monsieur Bleu), salle de concerts et club sélect (Yoyo)... Et l'été, deux splendides terrasses sur l'esplanade face à la Seine !

Carette D1 10
→ *4, pl. du Trocadéro-et-du-11-Novembre (16ᵉ) Tél. 01 47 27 98 85 Tlj. 7h (7h30 w.-e.)-23h30*
Une maison traditionnelle créée en 1927 où des dames endimanchées viennent bruncher ou savourer les très célèbres macarons au chocolat...

À la Petite Marquise E2 11
→ *50, av. de La Motte-Picquet (15ᵉ) Tél. 01 47 34 94 03 Tlj. 7h30-19h30* ***Déjeuner*** *12h-14h30*
Tout près du Champ-de-Mars, un salon de thé sorti des sages années 1950 avec ses chaises en skaï. Café servi avec un petit four, ganaches au chocolat, sablés frais.

Club des Poètes F1 12
→ *30, rue de Bourgogne (7ᵉ)*
Tél. 01 47 05 06 03
Mar.-ven. 12h-14h ; mar., ven.-sam. 20h30-dernier client
Les mar., ven. et sam. à 20h30, cette petite auberge s'enivre avec délectation de poésie et de bons vins. Gare aux retardataires, Baudelaire n'attend pas !

Rosa Bonheur sur Seine F1 13
→ *Quai d'Orsay (7ᵉ)*
Tél. 01 47 53 66 92
Mi-juin-mi-sep. : tlj. 12h-2h ; mi-mars-mi-juin, mi-sep.-mi-oct. : mar.-dim. 12h-2h ; mi-oct.-mi-mars : mer.-dim. 12h-2h
Ô joie ! L'esprit déjanté et convivial du Rosa Bonheur des Buttes-Chaumont (**J** C4) est descendu sur les berges pour guincher sur une barge... et la foule déborde sur les quais aux beaux jours !

Général Beuret E3 14
→ *9, pl. du Général-Beuret (15ᵉ)*
Tél. 01 42 50 28 62 Tlj. 8h-2h
Au fin fond du 15ᵉ arr., existe un petit bar coloré (et peuplé de super-héros), où passer à tout moment. Superbe zinc rond et terrasse sur le trottoir.

Le Breguet F3 15
→ *72, rue Falguière (15ᵉ)*
Tél. 01 42 79 97 00
Lun.-sam. 17h (18h sam.)-1h30
Belle surprise dans ce quartier calme : un troquet un peu déjanté où les habitués (souvent des étudiants) se retrouvent autour d'un demi pas cher ou d'un cocktail ravageur.

SHOPPING

Davoli E1 16
→ *34, rue Cler (7ᵉ)*
Tél. 01 45 51 23 41 Mar., jeu.-dim. 8h30-19h30 (13h dim.)
Délices transalpins en tête, cette épicerie-charcuterie croule de victuailles : jambon de Parme, vinaigre balsamique maison, parmesan, etc. Au cœur de la marchande rue Cler.

Maison de la Chantilly E2 17
→ *47, rue Cler (7ᵉ)*
Tél. 01 45 50 44 35
Mar.-dim. 10h-19h
Pour les amateurs de la célèbre crème, c'est un éden : nature, en cornet ou en pot, dans un chou ou une pavlova, la divine immaculée se décline à l'envi. Tout aussi blanc, le décor de la petite boutique aux airs de paradis... qui a un prix !

Marché aux livres E4 18
→ *104, rue Brancion (15ᵉ)*
W.-e. 9h-18h
Sous la halle aux chevaux des anciens abattoirs de Vaugirard, 50 bouquinistes pour chiner livres anciens ou d'occasion, avant, pourquoi pas, d'aller les feuilleter sur un banc du parc Georges-Brassens.

Laurent Dubois D2 19
→ *2, rue de Lourmel (15ᵉ)*
Tél. 01 45 78 70 58
Mar.-ven., dim. 9h-20h (13h dim.) ; sam. 8h30-20h
L'un des fromagers les plus réputés de Paris et ses quelque 300 variétés, affinées sur place. Possibilité de mise sous vide, pour le voyage.

Ministères, ambassades et institutions prestigieuses émaillent les sages rues du 7e arr. Soudain surgit le dôme doré des Invalides, dont les lignes classiques dominent une vaste esplanade. À l'est, l'École militaire, puis le Champ-de-Mars, un jardin de rêve pour une succession d'hôtels particuliers avec vue sur la tour Eiffel. Au pied de la "Dame de fer", rive droite, le Trocadéro, magistral ensemble des années 1930, conclut la perspective. À l'arrière, le très huppé 16e arr., solennel au nord, autour de l'avenue Foch, prend des airs provinciaux à Passy et à Auteuil. Rive gauche : le 15e arr., familial, coule des jours tranquilles.

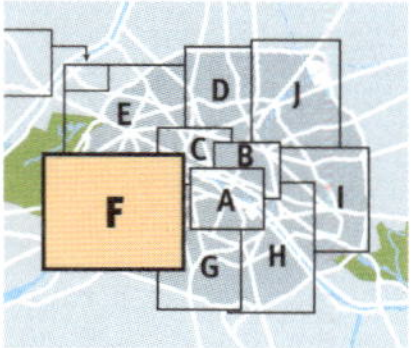

AU DERNIER MÉTRO

CAFÉ CONSTANT

RESTAURANTS

Au Pied de fouet F2 ❶
→ *45, rue de Babylone (7e)*
Tél. 01 47 05 12 27
Lun.-sam. 12h-14h30, 19h-23h
Dans cet ancien relais de diligence, nappes en vichy et cuisine à tendance sépia : potage, pièce du boucher, pruneaux au vin... Annexe juste à côté : burgers et salades. Plat 8,90-12,90€.

Le Grand Pan E4 ❷
→ *20, rue Rosenwald (15e)*
Tél. 01 42 50 02 50
Lun.-ven. 12h-14h, 19h30-23h
Un nom en hommage à une chanson de Brassens (qui habitait non loin), pour ce néobistrot réservé aux bons vivants : viandes de qualité et vins naturels au tonnelet. En face, au nº 18, le Petit Pan sert en-cas à midi et tapas le soir. Plat 14€ (déj.), 18-32€.

Au Dernier Métro D2 ❸
→ *70, bd de Grenelle (15e)*
Tél. 01 45 75 01 23
Tlj. 6h30-2h ***Cuisine*** *11h-1h*
Sous le métro aérien (ou presque) vibre ce bistrot basque, surtout lors des matchs ! À la carte, saucisse au piment d'Espelette, grillades sur planche, jambon de Bayonne et autres mets revigorants du Sud-Ouest. Plat 14,20-19€.

Café Constant E1 ❹
→ *139, rue Saint-Dominique (7e) Tél. 01 47 53 73 34 Tlj. 7h (8h dim.)-23h* ***Cuisine*** *12h-23h*
Une banale brasserie de quartier ? Sûrement pas ! Menus à l'ardoise pour les petits plats canailles du très sérieux Christian Constant : œufs mimosa, volaille rôtie au beurre d'herbes... Menu (déj.) 16-23€, plat 16-28€.

Café de Mars E2 ❺
→ *11, rue Augereau (7e)*
Tél. 01 45 50 10 90 Lun.-ven. 12h-14h30, 20h-22h20 (23h ven.) ; sam. 20h-23h
Ni table huppée à l'image du quartier ni cantine touristique sans âme, ce joli bistrot au look rétro, caché dans une petite rue près du Champ-de-Mars, tombe à pic ! Carte courte mais percutante, qui s'inspire du terroir. Menu midi 21-25€, plat 17€.

Noura E1 ❻
→ *27, av. Marceau (16e)*
Tél. 01 47 23 02 20 Tlj. 8h-0h
Une des tables libanaises les plus réputées de Paris : mezze, *chich taouk*, *chawarma* et pâtisseries. Espace snack (falafels, etc.) pour manger sur le pouce. Traiteur juste en face. Plat 19-23€.

Le Chalet des îles A1 ❼
→ *Lac inférieur du bois de*

INVALIDES

MUSÉE RODIN

TOUR EIFFEL

MUSÉE DU QUAI-BRANLY

PALAIS DE TOKYO / MUSÉE D'ART MODERNE DE LA VILLE DE PARIS

★ **Invalides** F2
→ *Tél. 01 44 42 37 72 Avr.-oct. : lun.-sam. 10h-18h (21h mar.) ; nov.-mars : tlj. 10h-17h*
Son dôme doré de 107 m de haut est visible des kilomètres ! Bâti sous Louis XIV entre 1671 et 1676, l'hôtel servait d'hôpital pour les soldats du roi. Il réunit les églises Saint-Louis et du Dôme, le tombeau de Napoléon Ier, les musées de l'Ordre de la Libération, des Plans-Reliefs, de l'Armée, et l'historial Charles-de-Gaulle.

★ **Musée Rodin** F2
→ *79, rue de Varenne (7e)*
Tél. 01 44 18 61 10
Mar.-dim. 10h-17h45 (21h mer.)
Sis dans le charmant hôtel de Biron (XVIIIe s.) où vivait Auguste Rodin (1840-1917), près de 500 sculptures et 8 000 de ses dessins et gravures sont exposés par roulement. *Le Penseur*, *Les Bourgeois de Calais* trouvent naturellement leur place à l'ombre des tilleuls du vaste et paisible jardin…

★ **Tour Eiffel** D1
→ *Tél. 01 44 11 23 23 Mi-juin-début sep. : tlj. 9h-0h ; début sep.-mi-juin : tlj. 9h30-23h*
L'emblème de la capitale, érigé pour l'Exposition universelle de 1889, est resté depuis son édifice le plus élevé, à 324 m. Du dernier étage, la vue porte jusqu'à 67 km ! Mais c'est à son pied que l'on mesure l'ampleur de cette structure d'acier de 10 100 tonnes… À l'est, le parc du Champ-de-Mars s'étire jusqu'à l'École militaire, ouvrant un époustouflant panorama sur la tour et le Trocadéro.

★ **Trocadéro** D1
Dominant la Seine, le palais de Chaillot (1937) enserre de ses deux ailes courbes l'esplanade du Trocadéro. Il abrite le musée de l'Homme, celui de la Marine, et la Cité de l'architecture et du patrimoine. Du belvédère se révèle la colossale tour Eiffel, tandis que l'été, les fontaines s'improvisent piscines. Sous les jardins, l'aquarium de l'Exposition universelle de 1878, avec ses 43 bassins.

Cité de l'architecture et du patrimoine
→ *Tél. 01 58 51 52 00*
Mer.-lun. 11h-19h (21h jeu.)
Au niveau 0, la spectaculaire galerie des moulages : portails d'églises et bâtiments civils, du roman au XVIIIe s. Au niveau 2, maquettes et architecture moderne et contemporaine.

★ **Musée du Quai-Branly** D1
→ *37, quai Branly (7e)*
Tél. 01 56 61 70 00 Mar.-dim. 11h-19h (21h jeu.-sam.)
Le grand projet du début du XXIe s., inauguré en 2006. Conçu par Jean Nouvel,

◀ Plan G

MUSÉE CERNUSCHI

CITÉ DES FLEURS

les statues de Miró et un *Stabile* de Calder.

★ Musée Jacquemart-André E3
→ *158, bd Haussmann (8e)*
Tél. 01 45 62 11 59 Tlj. 10h-18h (20h30 lun. expos temporaires)
Dans leur demeure Second Empire, la collection privée du couple Nélie Jacquemart et Édouard André : maîtres hollandais du XVIIe s. dans la bibliothèque, école française du XVIIIe s. dans les salons, peinture anglaise dans le fumoir, Renaissance italienne à l'étage… Une atmosphère hors du temps.

★ Musée Nissim-de-Camondo E2
→ *63, rue de Monceau (8e)*
Tél. 01 53 89 06 50
Mer.-dim. 10h-17h30
À l'orée du parc Monceau, dans le cadre raffiné de son hôtel particulier, la riche collection d'arts décoratifs et de peinture du XVIIIe s. du banquier Moïse de Camondo (1860-1935) : œuvres de Guardi, meubles de Carlin, Riesener, service en Sèvres dit de "Buffon"…

★ Parc Monceau E2
→ *Mai-août : tlj. 7h-22h ; sep. : tlj. 7h-21h ; oct.-avr. : tlj. 7h-20h*
Au cœur de ce quartier huppé, un parc du XVIIIe s. revisité à l'anglaise au XIXe s., orné de statues et de ruines antiques. Aux beaux jours, ses pelouses voient affluer tous les joggeurs et pique-niqueurs du Nord-Ouest parisien !

★ Musée Cernuschi E2
→ *7, av. Vélasquez (8e)*
Tél. 01 53 96 21 50
Mar.-dim. 10h-18h
De nombreux voyages en Asie (au Japon et surtout en Chine), le financier Henri Cernuschi (1821-1896) rapporta près de 5 000 objets d'art : bronzes archaïques, statuettes funéraires des Xe-XIe s., etc. Clou de la visite : le *Bouddha Amida* (XVIIIe s.), haut de 4,40 m !

★ Le BAL F2
→ *6, impasse de la Défense (18e)*
Tél. 01 44 70 75 50
Mer. 12h-21h ; jeu. 12h-22h ; ven.-sam. 12h-20h ; dim. 12h-19h
Dans une ancienne salle de bal, le centre voulu par Raymond Depardon, voué à l'image comme document. Expositions percutantes de clichés du monde et vidéos.

★ Cité des Fleurs F1
→ *154, av. de Clichy ou 59, rue La Jonquière (17e)*
Tlj. 7h-19h (13h dim.)
Un petit coin de campagne à deux pas de la bruyante avenue de Clichy… Cette allée pavée de 230 m, bordée de maisonnettes, fut lotie en 1847 avec un règlement strict : obligation à chacun de planter au moins trois arbres à fleurs dans son jardin !

ARC DE TRIOMPHE

LA DÉFENSE

SHOWCASE LA PÂTISSERIE DES RÊVES LES CAVES TAILLEVENT

tard, pour éviter l'attente ! Plat 27,50€.

CAFÉS, BARS, CLUBS

Café Jacquemart-André E3 7
→ *158, bd Haussmann (8e)*
Tél. 01 45 62 11 59
Lun.-ven. 11h45-17h30 (18h30 lun.) ; w.-e. 11h-17h30
Salon de thé à partir de 15h
Le salon de thé chic et charme du musée Jacquemart-André, pour un *tea-time* sous un plafond peint par Tiepolo ou un brunch à la terrasse donnant sur le jardin.

Pasteleria Belém F2 8
→ *47, rue Boursault (17e)*
Tél. 01 45 22 38 95
Mar.-dim. 8h-20h
Une pâtisserie comme à Lisbonne, simplissime et ornée d'azulejos : 5 tables pour goûter aux délicieux *pasteis de nata* (petits flans).

3 Pièces Cuisine F2 9
→ *101, rue des Dames (17e)*
Tél. 01 44 90 85 10
Lun.-ven. 8h-2h (1h lun.), w.-e. 9h30-2h (1h dim.)
Ouvert sur la rue des Dames, un café de quartier coloré et joyeux, où l'on se sent comme chez soi.

Les Caves populaires F2 10
→ *22, rue des Dames (17e)*
Tél. 01 53 04 08 32
Tlj. 9h (11h dim.)-2h
Détonnant sur ses voisins branchés, un bar sans décor, sauf ses ardoises affichant vins et pintes à prix très démocratiques. Dès 19h, l'ambiance vire à l'effervescence !

Le Bistrot des Cinéastes F2 11
→ *7, av. de Clichy (17e)*
Tél. 01 53 42 40 34 Tlj. 18h-0h
Au-dessus du cinéma d'art et essai qui a remplacé le mythique cabaret du Père Lathuille, un nid *chill out*, dont le climat perdure : livres, fauteuils émollients et tabourets hauts...

Showcase E4 12
→ *Pont Alexandre-III, Cours La-Reine (8e)*
Tél. 01 45 61 25 43 Ven.-sam. 23h30-6h www.showcase.fr
Ouvert dans un ancien hangar à bateaux sous le pont Alexandre-III, ce club-concert est l'une des scènes fétiches de la rive droite : sessions *live* et soirées à tendance techno.

Chez Raspoutine D3 13
→ *58, rue de Bassano (8e)*
Tél. 01 47 20 02 90
Jeu.-sam. 23h30-5h
Un fastueux cabaret russe, somptueusement kitsch, devenu un club pour faune *hype* et DJ électro. Pour réussir à pénétrer dans le repaire très sélect de Raspoutine, se couvrir d'une chapka et d'une fourrure pourra peut-être aider !

Queen D3 14
→ *79, av. des Champs-Élysées (8e) Tlj. 0h-6h www.queen.fr*
Un club mythique des années 1980 et 1990, quelque peu assagi, rentré dans le rang, et qui a quitté son fameux n° 102 pour emménager de l'autre côté de l'avenue... Mais les pointures y mixent toujours ! Programmation house et électro plutôt consensuelle.

SHOPPING

Ladurée F4 15
→ *16, rue Royale (8e)*
Tél. 01 42 60 21 79 Lun.-sam. 8h-20h, dim. 10h-19h
Une vénérable boutique ouverte en 1862 : dix-sept parfums de macarons (chocolat, vanille, pétales de rose, caramel au beurre salé...). Salon de thé paré de boiseries, de miroirs et de fresques. Autres adresses : *75, av. des Champs-Élysées* (**E** D3) et *21, rue Bonaparte* (**A** B2).

Marché bio des Batignolles F2 16
→ *Bd des Batignolles (entre les rues de Turin et Puteaux)*
Sam. 9h-15h
Un marché 100 % bio pour faire provision de fruits et légumes, de viande, de fromage, mais aussi goûter au tartare d'algues ou boire un jus d'herbe de blé... Assez cher, qualité oblige.

La Pâtisserie des Rêves D2 17
→ *19, rue Poncelet (17e)*
Tél. 01 42 67 71 79
Mar.-ven. 10h-19h30, w.-e. 9h-19h30 (18h dim.)
Tarte à l'orange épurée, Saint-Honoré... Philippe Conticini revisite la pâtisserie, jusqu'à son célèbre Paris-Brest au praliné, un doux rêve ! Autres adresses : *111, rue de Longchamp* (**E** B4), avec salon de thé le w.-e., et *93, rue du Bac* (**G** B1).

Les Caves Taillevent D3 18
→ *228, rue du Fbg-St-Honoré (8e) Tél. 01 45 61 14 09*
Lun.-sam. 10h-19h30
Plus de 1 500 étiquettes (consulter le catalogue !) chez ce caviste réputé, des vins très abordables de petits producteurs aux grands crus les plus rares.

Avenue Montaigne E4 19
Les noms les plus prestigieux de la haute couture défilent ici : Vuitton au n° 22, Christian Dior au n° 30, Nina Ricci au n° 39, Chanel au n° 42...

E

Concorde / Champs-Élysées / Batignolles

Quel spectacle que celui de l'axe triomphal la nuit, contemplé de la Concorde ! L'avenue des Champs-Élysées s'étire, majestueuse, jusqu'à l'Arc de Triomphe, avec ses clubs sélects, boutiques et cinémas attirant une foule bigarrée. Côté sud, les Petit et Grand Palais, puis le pont Alexandre-III, 1900, surmonté de Pégases dorés. Tout près, couturiers et créateurs ont élu l'avenue Montaigne, vitrine de luxe. Au nord, le 17e arr., bourgeois autour d'un parc Monceau bordé de façades haussmanniennes, se fait plus bohème dans la rue des Dames et le quartier des Batignolles, autrefois ouvrier. Vers Clichy, l'ancienne enclave ferroviaire fait l'objet d'une vaste réhabilitation.

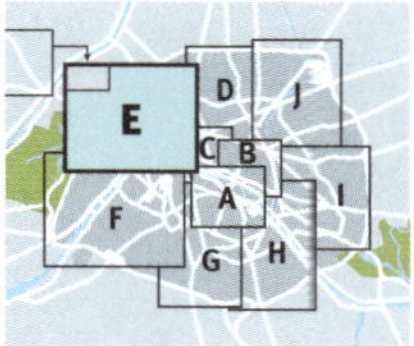

IRÈNE ET BERNARD

LE BAL CAFÉ

RESTAURANTS

Lucien la Chance F2 1

→ *8, rue des Dames (17e)*
Tél. 09 73 52 07 14 Tlj. 18h30-1h
Quelle aubaine ce petit bistrot ! Et il n'y a pas que le service et la déco qui encouragent la convivialité : à l'ardoise, uniquement des plats format tapas, à partager autour de la table (foie gras, saucisse grillée, fromage affiné ou mousse au chocolat, etc.). Portion 6-11€.

Irène et Bernard F1 2

→ *58, rue Gauthey (17e)*
Tél. 01 42 29 56 16
Tlj. 8h (9h dim.)-2h
***Cuisine** 12h-23h (dim. 22h)*
Ce rendez-vous batignolais, rafraîchi et retapissé à l'ancienne, a gardé son âme bistrotière. Bons plats de brasserie, avec des frites maison, et brunch à l'anglaise le w.-e. Plat 9,80-14€.

Le BAL Café F2 3

→ *6, impasse de la Défense (18e) Tél. 01 44 70 75 51*
Mer.-ven. 12h-21h (22h jeu. ; 20h ven.), w.-e. 11h-20h (19h dim.)
Dans la cafétéria nouvelle mode du BAL, deux jeunes chefs composent des menus sur le thème de la *New British Food* : queue de bœuf à la Guinness, etc. Menu 15-24€.

La Ripaille F2 4

→ *69, rue des Dames (17e)*
Tél. 01 45 22 03 03 Lun.-ven. 12h-14h, 19h30-22h (22h30 ven.)
Cette ancienne boucherie reconvertie fait aujourd'hui la part belle aux poissons ! Cuisine imaginative à base de beaux produits, dont un foie gras de Corrèze. Menu 12-20€ (déj.), plat 20€.

La Maison de l'Aubrac D3 5

→ *37, rue Marbeuf (8e)*
Tél. 01 43 59 05 14 Dim.-mar. 12h-1h, mer.-sam. 24h/24
***Cuisine** 12h-6h*
Tout près des "Champs", une table bien connue des noctambules, où l'on peut avaler jusqu'à l'aube pavé de rumsteak ou aligot ! "De la fourche à la fourchette" : les viandes sont issues de l'élevage familial du patron, en Aveyron. Plat 21-40€.

Relais de Venise - L'Entrecôte C2 6

→ *271, bd Pereire (17e)*
Tél. 01 45 74 27 97
Tlj. 12h-14h30, 19h-23h45
Voisine du palais des Congrès, cette brasserie sert depuis 1959 un seul et unique plat : un contre-filet tendre à souhait, accompagné de frites allumettes et d'une sauce "secrète". Pas de réservation : arriver tôt, ou

PLACE DE LA CONCORDE

PETIT PALAIS

GRAND PALAIS

◀Plan F

MUSÉE JACQUEMART-ANDRÉ

MUSÉE NISSIM-DE-CAMONDO

PARC MONCEAU

★ Place de la Concorde F4

À l'inverse des autres places royales, celle-ci, conçue pour Louis XV en 1754, ne fut bordée de façades que d'un seul côté, pour respecter les perspectives de l'axe triomphal : à l'est, les Tuileries et le Louvre ; à l'ouest, les Champs-Élysées ; au centre, l'obélisque, cadeau du vice-roi d'Égypte en 1831. De part et d'autre, deux fontaines aux divines naïades et, tout autour de la place, 18 colonnes rostrales dessinées par Hittorff (1830).

★ Petit Palais E4

→ *Av. Winston-Churchill (8e)*
Tél. 01 53 43 40 00
Mar.-dim. 10h-18h (21h ven. expos temporaires uniquement)
Cet élégant édifice fut érigé en 1900 "à la gloire de l'art français". Il héberge le musée des Beaux-Arts de la Ville de Paris, dont le fonds s'étend de l'Antiquité à la Belle Époque, et fait la part belle à la peinture française du XIXe s.

★ Grand Palais E4

→ *Av. Winston-Churchill (8e)*
Tél. 01 44 13 17 30 ***Expos*** *Mer.-lun. 10h-20h (22h mer.)*
Un autre bâtiment de l'Expo universelle de 1900, à la sublime verrière et dont la nef monumentale accueille de grandes rétrospectives. L'aile arrière abrite le palais de la Découverte, où les petits s'amusent d'expériences scientifiques interactives.

★ Arc de Triomphe C3

→ *Tlj. 10h-23h (22h30 oct.-mars)*
Emblème napoléonien, l'arc (1836) arbore les œuvres de grands sculpteurs de l'époque. Côté Champs-Élysées, *La Marseillaise* de Rude permet d'en saisir la puissance. D'en haut, vue imprenable sur la bien nommée place de l'Étoile. En bas, la tombe du Soldat inconnu (1920).

★ Fondation Louis-Vuitton A3

→ *Av. du Mahatma-Gandhi (16e)*
Tél. 01 40 69 96 00
Lun., mer.-ven. 12h-19h (23h ven.) ; w.-e. 11h-20h
Conçu par Frank Gehry, cet incroyable vaisseau (2014) s'élance au cœur du bois de Boulogne ! Douze voiles de verre aux courbes novatrices portées par des arêtes de métal et de bois, hommage aux palais-serres de la Belle Époque. Expos d'art contemporain et concerts.

★ La Défense A1

Sorti de terre dans les années 1960, ce quartier d'affaires hérissé de tours étire l'axe triomphal 7 km à l'ouest. Son apothéose : la Grande Arche (Otto von Spreckelsen, 1989), énorme cube évidé, tel un arc de triomphe contemporain. À voir au fil de l'esplanade,

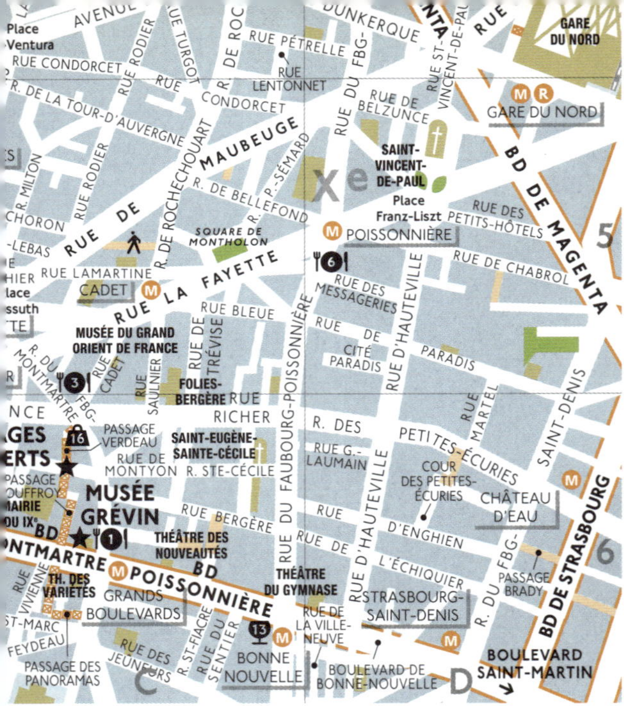

PASSAGES COUVERTS

MUSÉE GRÉVIN

Plan B

nombre de personnalités du quartier, comme le caricaturiste Poulbot, la danseuse la Goulue et la chanteuse Dalida.

★ Halle Saint-Pierre C4
→ 2, rue Ronsard (18e)
Tél. 01 42 58 72 89
Sep.-juil. : lun.-sam. 11h-18h (19h sam.), dim. 12h-18h ; août : lun.-ven. 12h-18h
Ancien marché couvert, ce pavillon de style Baltard (1868) abrite un musée consacré aux arts brut et naïf, ainsi qu'à l'art populaire contemporain du monde entier. Librairie spécialisée, salon de thé et restauration légère au rdc.

★ Nouvelle Athènes B5
Le triangle place Pigalle / Notre-Dame-de-Lorette / Sainte-Trinité, bâti à partir de 1820, dévoile toujours son faste romantique : jardins à l'anglaise, cours et passages voûtés, bâtiments néoclassiques jadis résidences d'une élite d'artistes (Berlioz, Sand, Chopin, Dumas, Degas...). Autour de la ravissante place Saint-Georges, les façades 1830 arborent des motifs néo-Renaissance.

★ Musée Gustave-Moreau B5
→ 14, rue de La Rochefoucauld (9e) Tél. 01 48 74 38 50 Lun., mer.-jeu. 10h-12h45, 14h-17h15 ; ven.-dim. 10h-17h15
Près de 5 000 dessins et 1 200 toiles du peintre symboliste Gustave Moreau (1826-1898), dont *Jupiter et Sémélé*, présentés dans son ancien hôtel particulier-atelier, converti en musée en 1903. À voir aussi, le musée de la Vie romantique et son agréable café, tout près, au *16 rue Chaptal* (**D** B4).

★ Passages couverts C6
→ 10 et 11, bd Montmartre (2e)
Il a fallu quelques astuces architecturales pour édifier ces somptueux passages sous verrière et masquer l'irrégularité des parcelles. Celui des Panoramas fut inauguré en 1799, suivi en 1846 et 1847 de ceux de Jouffroy et Verdeau. Leurs commerces, parfois de vrais petits musées, conservent la tradition des boutiques d'antan : livres, jouets, appareils photo anciens...

★ Musée Grévin C6
→ 10, bd Montmartre (9e)
Tél. 01 47 70 85 05 Lun.-ven. 10h-18h, w.-e. 9h30-19h
Plusieurs centaines de célébrités, grandes figures de l'actualité et personnages historiques, immortalisés en statues de cire, dans ce musée né en 1882 à l'initiative du journaliste Arthur Meyer et du caricaturiste Alfred Grévin.

HALLE SAINT-PIERRE

NOUVELLE ATHÈNES

▼ Plan J

AU RENDEZ-VOUS DES AMIS

ANOUSCHKA

PETIT PAN

sert des plats divinement inventifs ! Plat 25-32€.

CAFÉS, BARS, CINÉMA, CLUBS

Café Lomi D3 7
→ *3ter, rue Marcadet (18e)*
Tél. 09 80 39 56 24
Tlj. 10h-19h
Cette maison de torréfaction, sise dans un loft au décor bétonné, fait de la pause-café une dégustation ! Petits noirs brésiliens ou africains, tout en rondeur et vivacité, avec des en-cas frais et des pâtisseries maison.

Au Rendez-vous des amis C4 8
→ *23, rue Gabrielle (18e)*
Tél. 01 46 06 01 60
Tlj. 10h-1h30
Niché dans une ruelle de la Butte, à deux pas du flot des touristes, un café de copains et d'habitués où il fait bon s'éterniser...

La Fourmi B4 9
→ *74, rue des Martyrs (18e)*
Tél. 01 42 64 70 35
Lun.-sam. 8h-2h (4h ven.-sam.), dim. 9h-2h
À quelques mètres de La Cigale (d'où son nom !), ce café chéri des jeunes du 18e fourmille du matin au soir. Un café ? Une salade à midi ? Un apéro ? Un dernier verre ? Rendez-vous à La Fourmi !

Olympic Café 10
→ *20, rue Léon (18e)*
Tél. 01 42 59 97 09
Mar.-sam. 17h-2h
Dans le quartier de la Goutte-d'Or, un grand bar animé, dynamique, métissé et bohème. Dans la cave, des concerts tous azimuts : jazz, rock, garage, world...

Le Louxor D4 11
→ *170, bd de Magenta (10e)*
Tél. 01 44 63 96 96
www.cinemalouxor.fr
Sauvé de la ruine et classé, ce singulier cinéma (1921) aux allures néo-égyptiennes a retrouvé son lustre en 2013. Trois salles (pour le décor : la n° 1 !) et une programmation art et essai. Au dernier étage, un bar de style Art déco (réservé aux spectateurs) et sa terrasse avec vue sur le Sacré-Cœur.

Le Dirty Dick B4 12
→ *10, rue Frochot (9e)*
Tlj. 18h-2h
Désormais, c'est le So-Pi (South of Pigalle) branché qui se tapit dans cet ancien bar à hôtesses, muté en "plage" tropicale : masques *tiki*, fresque de soleil couchant et cocktails baptisés *ad hoc*, au son de rythmes vitaminés !

Rex Club C6 13
→ *5, bd Poissonnière (2e)*
Tél. 01 42 36 10 96 Jeu.-sam. 23h30-7h www.rexclub.com
Artisan de la renommée nocturne des Grands Boulevards, le Rex est une place forte de la musique électronique depuis plus de 20 ans. Son surpuissant et, aux platines, les meilleurs DJ.

SHOPPING

Anouschka A5 14
→ *6, av. du Coq (9e)*
Tél. 01 48 74 37 00
Lun.-ven. 12h-19h (sur rdv)
L'une des adresses cultes des fans de mode. Anouschka, ex-mannequin et styliste, reçoit dans un appartement bourgeois où ses trouvailles vintage de grands créateurs sont classées par décennie : robe 1930, costume 1970...

Petit Pan C4 15
→ *10bis, rue Yvonne-Le Tac (18e) Tél. 01 42 23 63 78*
Lun.-mar., jeu.-ven. 10h30-13h30, 14h30-19h30 ; mer., w.-e. 10h30-19h30
Venus de Chine : mobiles, cerfs-volants de soie ou pyjamas colorés, rien que pour les bambins ! Autres adresses : *76, rue F.-Miron* (**B** D4) et *7, rue de Prague* (**I** B3).

À la Mère de famille C6 16
→ *35, rue du Fbg-Montmartre (9e) Tél. 01 47 70 83 69 Lun.-sam. 9h30-20h, dim. 10h-13h*
Depuis 1761, cette "mère" attentionnée fournit les Parisiens en bonbons et autres douceurs : chocolats, sucettes, guimauves, calissons et marrons glacés.

Marché Saint-Pierre C4 17
→ *2, rue Charles-Nodier (18e)*
Tél. 01 46 06 92 25 Lun.-sam. 10h-18h30 (19h sam.)
Le palais incontesté du tissu au mètre pour toutes les couturières, depuis plus de 80 ans !

Guerrisol C4 18
→ *17, bd de Rochechouart (9e)*
Tél. 01 40 08 03 00
Lun.-sam. 10h-19h30
Manteaux fripés, tee-shirts en tas, chaussures en vrac... Un mot d'ordre : fouiller dans ces bazars ingrats, pour exhumer une chemise Maje ou une veste Georges Rech à moins de 10€ ! Du même style, les stocks Sympa, aux nos 66, 68 et 72.

Sakina M'sa D3 19
→ *6, rue des Gardes (18e)*
Tél. 01 56 55 50 90 Lun.-ven. 10h-18h, sam. 14h-19h
Sous le crayon de cette styliste comorienne, les bleus de travail et autres matériaux recyclés deviennent robes, jupes ou vestes aux lignes parfaites et aux couleurs joyeuses.

Au-dessus des Abbesses, quartier des apéros branchés, la basilique du Sacré-Cœur, au sommet de la Butte, attire les touristes par milliers. Disparus, les peintres, bals et cabarets de la Belle Époque ! Demeure cependant la magie du vieux Montmartre : ses ruelles escarpées, ses volées de marches et ses maisons couvertes de verdure... À son pied, clubs et salles de concerts s'animent le soir, dans un Pigalle interlope en voie de gentrification. Tout près, la Nouvelle Athènes dévoile les charmes de ses rues bordées d'hôtels Restauration, où là aussi les lieux en vogue ouvrent à une vitesse fulgurante. Une belle transition avant de plonger dans l'agitation des Grands Boulevards.

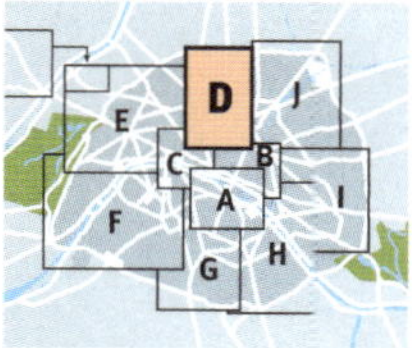

LES PÂTES VIVANTES

ALBION

RESTAURANTS

Bouillon Chartier C6 🍴1
→ *7, rue du Fbg-Montmartre (9e) Tél. 01 47 70 86 29*
Tlj. 11h30-0h
Un magnifique "bouillon" Belle Époque, pittoresque et touristique, pour avaler une cuisine de ménage (céleri rémoulade, frisée aux lardons, blanquette de veau) dans un sympathique brouhaha. Plat 8-13€.

Au Bon Coin B2 🍴2
→ *49, rue des Cloÿs (18e)*
Tél. 01 46 06 91 36
Lun.-sam. 8h-0h
Cuisine *12h-15h, 19h-22h30*
Au pied de la Butte, loin de la cohue, un bistrot de carte postale parigote, avec ses vins au verre, ses planches de charcuterie et ses petits plats de brasserie. Cave de quelque 200 références, juste à côté. Plat 9-14€.

Les Pâtes vivantes C6 🍴3
→ *46, rue du Fbg-Montmartre (9e) Tél. 01 45 23 10 21*
Tlj. 12h-15h, 19h-23h
Vivantes... car fraîches, pétries sous les yeux des clients (et des passants), puis étirées, enroulées à la main et enfin plongées dans un bol de soupe, avec du bœuf, du poulet... Une cantine chinoise embuée, encombrée, animée. Vivante ! Plat 9,80-13€.

Chez Georgette B5 🍴4
→ *29, rue Saint-Georges (9e)*
Tél. 01 42 80 39 13
Lun.-ven. 12h-14h45, 19h-23h
Cette brasserie au décor vintage se remplit d'un coup (réserver !) pour sa cuisine simple et délicieuse, mitonnée avec des légumes du jardin. Poêlée de girolles, pintade aux pommes sautées, joue de cochon en cocotte... Plat 13-20€.

Le Béguin A4 🍴5
→ *2, rue du Cardinal-Mercier (9e) Tél. 01 42 81 58 20*
Lun.-sam. 9h-2h
Cuisine *12h-15h, 19h-23h30*
Autour du zinc et à table (d'époque), c'est la jeunesse qui règne sur ce bistrot des années 1950, à la mine rétro. À l'ardoise, tartare au couteau et autres classiques bien maison ! Plat 14-16€.

Albion C5 🍴6
→ *80, rue du Fbg-Poissonnière (10e)*
Tél. 01 42 46 02 44
Lun.-ven. 12h15-14h, 19h-22h
Tenue par Hayden Clout et Matthew Ong, l'un sommelier, l'autre chef, cette "cave à manger"

SACRÉ-CŒUR

ÉGLISE SAINT-PIERRE-DE-MONTMARTRE

MUSÉE DE MONTMARTRE

CIMETIÈRE DE MONTMARTRE

★ Sacré-Cœur C3

→ *Tlj. 6h-22h30*

À l'époque de la défaite de 1870 et de la Commune, un Vœu national est lancé en 1873, pour expier l'incroyance du siècle à l'origine des malheurs de la patrie : il donnera naissance à cette basilique. Emblème de la Butte et d'un Paris désormais disparu, sa lourde silhouette blanche de style romano-byzantin attire chaque année les foules du monde entier. On y va en pèlerinage chercher l'esprit du Montmartre d'hier et contempler l'une des plus belles vues sur la capitale (du parvis ou du dôme). À l'intérieur, impressionnantes mosaïques où domine l'or.

★ Église Saint-Pierre-de-Montmartre C3

→ *2, rue du Mont-Cenis (18e)*
Tél. 01 46 06 57 63
Tlj. 8h45-19h (18h ven.)

Une des plus vieilles églises de Paris. Cachée derrière une façade du XVIIIe s., elle est le seul vestige de l'abbaye aux Dames (1147), élevée à l'emplacement présumé d'un temple gallo-romain.

★ Place du Tertre C3

Portraitistes à la sauvette, foison de chevalets, cafés, touristes... Devenue l'image d'Épinal de Montmartre, l'ancienne place publique du vieux village ne retrouve le calme qu'au petit matin... Quel bonheur alors de prendre un café à la terrasse de La Mère Catherine, bistrot ouvert en 1793 – le mot bistro ("vite" en russe) serait d'ailleurs né ici en 1814 !

★ Musée de Montmartre C3

→ *12, rue Cortot (18e)*
Tél. 01 49 25 89 39 Hiver : tlj. 10h-18h ; été : tlj. 10h-19h

Toute l'histoire du quartier (ses cabarets, ses peintres et ses chansonniers) au travers d'affiches, de tableaux, musiques, photographies... dans une folie (maison de plaisance) du XVIIe s. dominant les fameuses vignes de Montmartre. Expos dans les annexes réhabilitées, dont l'ancien atelier de la peintre Suzanne Valadon (1865-1938), mère d'Utrillo.

★ Cimetière de Montmartre A3

→ *20, av. Rachel (18e)*
Tél. 01 53 42 36 30
Mars-oct. : tlj. 8h-18h (8h30 sam. ; 9h dim.) ; nov.-fév. : tlj. 8h-17h30 (8h30 sam. ; 9h dim.)

Un paysage vallonné, des arbres centenaires et une statuaire de toute beauté composent ce cimetière charmant où reposent entre autres Dumas fils, Stendhal, Vigny, Berlioz, Offenbach, Degas, Clouzot, Feydeau, Guitry, Nijinski, Truffaut et

◀ Plan C

◄ Plan A

MUSÉE DE L'ORANGERIE

MUSÉE D'ORSAY

en 2006 met en valeur un ensemble unique de meubles et d'objets d'art du Moyen Âge à nos jours. À voir aussi, les expositions des sections Mode et textile, et Publicité.

★ Jardin des Tuileries C3
→ *Juin-août : tlj. 7h-23h ; oct.-mars : tlj. 7h30-19h30 ; avr.-mai : tlj. 7h-21h*
En 1666, Le Nôtre transforme le parc du palais des Tuileries en jardin à la française et ouvre la perspective à l'ouest par une voie qui deviendra les Champs-Élysées. Les deux bassins, les terrasses longeant la Seine et la rue de Rivoli, les quinconces de marronniers et de tilleuls de chaque côté de l'allée centrale confèrent aux lieux une élégance d'autrefois.

★ Jeu de paume C2
→ *1, pl. de la Concorde (8e)*
Tél. 01 47 03 12 50
Mar.-dim. 11h-19h (21h mar.)
L'ancien Jeu de paume, bâti en 1862 pour Napoléon III, devint une galerie d'art contemporain en 1922. Il présente de grandes expositions liées à l'image (photos, installations, vidéos). Librairie et café.

★ Musée de l'Orangerie C3
→ *Tél. 01 44 50 43 00*
Mer.-lun. 9h-17h30
Pendant du Jeu de paume, l'Orangerie (1852) abrite *Les Nymphéas*, superbe cycle invitant à la rêverie, offert par Monet en 1922. Au sous-sol, la collection d'art moderne Walter-Guillaume : 144 œuvres de Cézanne, Matisse, Derain, Picasso, Modigliani, Soutine…

★ Musée d'Orsay C4
→ *1, rue de Bellechasse (7e)*
Tél. 01 40 49 48 14
Mar.-dim. 9h30-18h (21h45 jeu.)
Toiles et sculptures des maîtres du XIXe s. et du début du XXe s'exposent sous la monumentale verrière de l'ancienne gare d'Orsay (1900). Ce temple de l'impressionnisme met en lumière le travail des plus grands : Manet, Degas, Renoir, Gauguin, Van Gogh… Importantes rétrospectives. Superbe café Campana.

★ Pont des Arts E4
Commandité par Napoléon Bonaparte et premier pont métallique de Paris en 1804, il doit son nom au “palais des Arts”, ou l'ancien palais du Louvre. Aux beaux jours, le pont est un lieu de pique-nique convoité. La vue y est si joliment parisienne avec de part et d'autre le Louvre, la coupole classique de l'Institut de France, la tour Eiffel et Notre-Dame !

PALAIS-ROYAL

MUSÉE DU LOUVRE

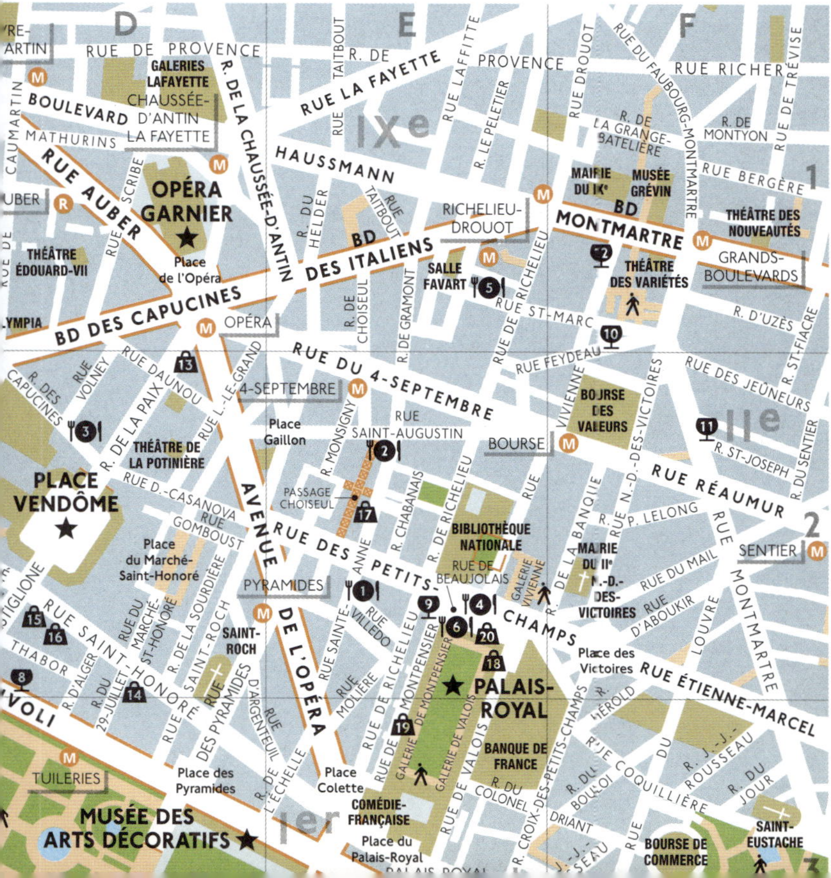

▲ Plan D

▼ Plan B

LE CAFÉ MARLY

REPETTO

COLETTE

chef Guy Martin : ravioles de foie gras, parmentier de queue de bœuf aux truffes. Menu 115€ (déj.), 315€, plat 95-120€.

CAFÉS, BARS, CLUB

Le Café Marly E3 7
→ *93, rue de Rivoli (1er)*
Tél. 01 49 26 06 60 Tlj. 8h-2h
Un café chic pour siroter un verre en contemplant la Pyramide ou les salles de sculpture du Louvre !

Angelina D3 8
→ *226, rue de Rivoli (1er)*
Tél. 01 42 60 82 00 Lun.-ven. 7h30-19h, w.-e. 8h30-19h30
Inauguré en 1903 sous les arcades de la rue de Rivoli, ce salon de thé à la viennoise prépare l'un des meilleurs chocolats chauds de Paris, l'africain, servi sur plateau d'argent. On peut aussi l'emporter !

Bar de l'Entracte E2 9
→ *47, rue de Montpensier (1er)*
Tél. 01 42 97 57 76
Lun.-sam. 11h30-15h30, 17h30-1h30 ; dim. 14h-20h30
Un troquet historique où acteurs et spectateurs viennent boire un dernier verre et discuter avec le patron, en sortant du théâtre du Palais-Royal.

Truskel Microclub F1 10
→ *12, rue Feydeau (2e)*
Tél. 01 40 26 59 97
Mar.-sam. 19h-5h
Vitrine vert foncé, bières à tout-va, foot sur écrans, rock endiablé... Un pub irlandais ? Non, un vrai mini-club, vibrant toute la nuit au son de petits groupes, de sets de DJ et, occasionnellement, d'*aftershows* de groupes cultes.

Social Club F2 11
→ *142, rue Montmartre (2e)*
Jeu.-sam. 23h-6h
www.parissocialclub.com
Un haut lieu du clubbing parisien : soirées électro mais aussi *dubstep* ou hip-hop... À la même adresse en sous-sol, le Silencio, le club très sélect de David Lynch.

Chez Carmen F1 12
→ *53, rue Vivienne (2e)*
Tél. 01 42 36 45 41
Mar.-sam. 0h-7h30 (9h ven.-sam.) (horaires fluctuants)
Pas encore sommeil ? Alors il faut aller prendre un verre avec les créatures de la nuit qui traînent chez Carmen !

SHOPPING

Repetto D2 13
→ *22, rue de la Paix (2e)*
Tél. 01 44 71 83 12
Lun.-sam. 9h30-19h30
La boutique des petits rats de l'Opéra voisin dont les ballerines, immortalisées par Bardot et dépoussiérées par Issey Miyake, se déclinent aujourd'hui dans toutes les couleurs et diverses matières.

Colette D2 14
→ *213, rue Saint-Honoré (1er)*
Tél. 01 55 35 33 90
Lun.-sam. 11h-19h
Tout ce qu'il y a de plus en vogue dans le design, l'art, la mode... *Streetwear*, livres, CD, prêt-à-porter de créateurs à l'étage et au sous-sol, bar à eaux.

Fifi Chachnil D2 15
→ *231, rue Saint-Honoré (1er)*
Tél. 01 42 61 21 83
Lun.-sam. 11h-19h
Lingerie glamour et sexy aux couleurs acidulées ou pastel, pour Betty Boop d'aujourd'hui. L'univers tendre et poétique de Fifi pour sublimer sa féminité.

Françoise Montague D2 16
→ *231, rue Saint-Honoré (1er)*
Tél. 01 42 60 80 16 Lun.-sam. 10h30 (11h sam.)-19h
Bijoux de caractère artisanaux, fabriqués en résine, pâte de verre et cristal, dont la collection Cilea au motif d'anémone. Aussi des bijoux vintage fantaisie.

Épicerie Roellinger E2 17
→ *51bis, rue Sainte-Anne (1er)*
Tél. 01 42 60 46 88
Mar.-sam. 10h-19h
Le chef breton Olivier Roellinger partage ici sa passion des épices : d'immenses étagères alignent ses savants mélanges, pour enchanter les petits plats comme la grande cuisine.

Les galeries du Palais-Royal
Ces arcades au charme fou cachent des boutiques raffinées, surannées ou tendance.

Serge Lutens E2 18
→ *142, galerie de Valois (1er)*
Tél. 01 49 27 09 09
Lun.-sam. 11h-19h
Dans un écrin feutré noir et mauve, un choix pointu de senteurs exotiques créées par Serge Lutens pour Shiseido, avec des parfums vendus en exclusivité.

Didier Ludot E3 19
→ *24, galerie de Montpensier (1er) Tél. 01 42 96 06 56*
Lun.-sam. 11h-19h
Didier Ludot se passionne depuis 1975 pour la haute couture. Dans son antre, on chine les créations Dior, Chanel et des accessoires de mode...

Anna Joliet E2 20
→ *9, rue de Beaujolais (1er)*
Tél. 01 42 96 55 13
Mar.-sam. 12h-19h
Une échoppe-maison de poupée pour les jolies boîtes à musique d'Anna, qui diffusent chansons et airs d'opéra.

Le face-à-face des deux plus grands musées parisiens, le Louvre et Orsay, aimante les touristes, et les boutiques de souvenirs ont envahi les arcades de la rue de Rivoli. Pourtant, ce périmètre reste celui de toutes les élégances. Place de la Madeleine et le long de la rue Royale s'égrènent les magasins voués aux arts de la table. La rue du Faubourg-St-Honoré est le royaume de la haute couture. La place Vendôme et la rue de la Paix accueillent les plus grands noms de la joaillerie. À l'abri du tumulte de la rue, le Palais-Royal dévoile les délices de son jardin et de tables raffinées... Rue Sainte-Anne, une enclave japonaise et ses cantines bondées !

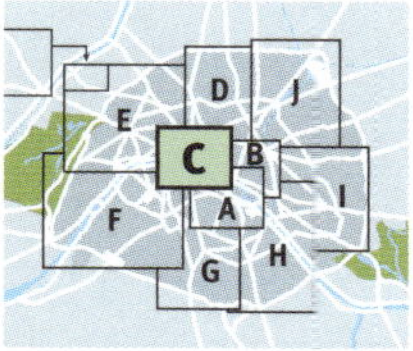

LE PETIT VENDÔME

LE GRAND VÉFOUR

RESTAURANTS

Higuma E2 1
→ 32bis, rue Sainte-Anne (1er) Tél. 01 47 03 38 59 Tlj. 11h30-22h
Dans la rue des cantines japonaises, tables en Formica, cuisiniers affairés devant leur wok fumant et spécialités de *ramen* (nouilles dans un bouillon). Autres adresses : *163, rue St-Honoré* (**C** E3) et *27, bd des Italiens* (**C** E1). Menu 11-13€ ; plat 7,50-10€.

Grillé E2 2
→ 15, rue Saint-Augustin (2e) Tél. 01 42 96 10 64 Lun.-sam. 12h-16h (21h mer.-ven. ; 17h sam.)
La fierté de ce kébab "gastronomique", bondé tant que la broche tourne ? Sa viande, venue de la boucherie Desnoyers (**G** B4), et son pain cuit sur place. Quatre choix (dont piment vert-oignons doux et fromage blanc-raifort) à se lécher les doigts. Kébab 8,90€.

Le Petit Vendôme D2 3
→ 8, rue des Capucines (2e) Tél. 01 42 61 05 88 Lun.-ven. 8h-1h (16h30 lun.), sam. 10h-16h30 ***Cuisine*** *12h-15h, 18h30-23h*
À l'unanimité, ce bistrot auvergnat aux airs de salle des fêtes prépare le roi des jambon-beurre ! Belle cave, cochonailles, fromages artisanaux, et à l'ardoise : pied de cochon grillé, demi-poulet fermier, pièce de bœuf. Sandwich 6€, plat 16-24€.

Willi's Wine Bar E2 4
→ 13, rue des Petits-Champs (1er) Tél. 01 42 61 05 09 Lun.-sam. 12h-23h ***Cuisine*** *12h-14h30, 19h-23h*
Les crus collectionnés par Mark Williamson, Anglais expert en vins, tapissent les murs de son bistrot soigné. Cuisine du marché digne de ces crus et en dessert fétiche, une terrine au chocolat noir dans une crème... anglaise. Menu 20 (déj.)-36€ ; plat 17-23€.

Aux Lyonnais E1 5
→ 32, rue Saint-Marc (2e) Tél. 01 42 96 65 04 Mar.-ven. 12h-14h, 19h30-22h ; sam. 19h-22h
Splendide bistrot fin XIXe dédié à la gastronomie lyonnaise : petits plats d'autrefois revisités par Alain Ducasse. Menu 34€ (déj.), plat 24-34€.

Le Grand Véfour E2 6
→ 17, rue de Beaujolais (1er) Tél. 01 42 96 56 27 Lun.-ven. 12h30-14h, 20h-22h
L'un des plus fameux restaurants parisiens, sous les arcades du Palais-Royal. Décor du XVIIIe s., sublimé par les mets du

OPÉRA GARNIER

PLACE VENDÔME

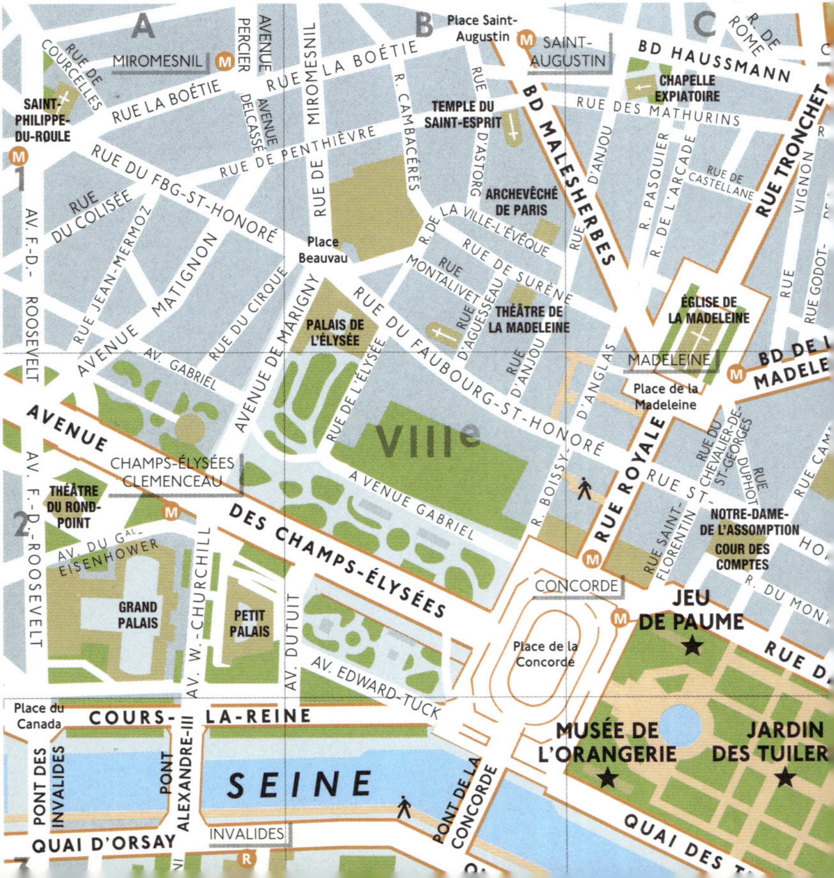

MUSÉE DES ARTS DÉCORATIFS

JARDIN DES TUILERIES

JEU DE PAUME

★ Opéra Garnier D1
→ *Tél. 01 40 01 17 89*
***Visite** Mi-juil.-août : tlj. 10h-17h30 ; sep.-mi-juil. : tlj. 10h-16h30 (sauf jours de représentation)*
www.operadeparis.fr
Monument du Second Empire voué “à l'art, au luxe et au plaisir”, le palais (1874) de Charles Garnier mêle les styles baroque et néo-Renaissance. Sur la façade, masques antiques et bustes de compositeurs. À l'intérieur, l'escalier en marbre à deux volées mène à la salle rouge et or, sous un plafond peint par Chagall, et aux somptueux foyers ornés de fresques et de mosaïques. Musique, chant lyrique et danse occupent le devant de la scène.

★ Place Vendôme D2
Superbe et austère à la fois, cette place (1699) en forme de rectangle à pans coupés formait à l'origine un espace quasi clos de 146 m sur 136 m. Au centre, la colonne Vendôme (XIXe s.), à la gloire de Napoléon. Tout autour, hautes de 25 m, les façades uniformes de magnifiques hôtels particuliers et au n° 15, le célèbre hôtel Ritz.

★ Palais-Royal E2
L'atmosphère paisible du jardin et des galeries adjacentes ferait oublier que dès 1790, sous ces arcades, régnèrent le jeu, le commerce et la prostitution, tandis que dans les clubs se tramaient les idées révolutionnaires ! Demeure du cardinal de Richelieu, puis résidence des ducs d'Orléans, le palais abrite le Conseil d'État, le Conseil constitutionnel et le ministère de la Culture, dont les fenêtres s'ouvrent sur la cour d'honneur, repensée par Buren en 1986.

★ Musée du Louvre E3
→ *Cour Napoléon (1er)*
Tél. 01 40 20 50 50
Mer.-lun. 9h-18h (21h45 mer., ven.)
Le musée le plus visité du monde, sous la pyramide translucide (1988) de Pei Ieoh Ming. Exposant quelque 35 000 œuvres d'art sur 60 000 m², cet ancien palais royal accueilli le public dès 1793. Dans le dédale des salles, des antiquités égyptiennes aux galeries de peinture européenne, on se laisse fasciner par *La Vénus de Milo*, *La Joconde*, *Le Radeau de la Méduse*, le *Régent*...

★ Musée des Arts décoratifs D3
→ *107, rue de Rivoli (1er)*
Tél. 01 44 55 57 50
Mar.-dim. 11h-18h (21h jeu. expos temporaires uniquemen
Cette aile du Louvre rénové

MUSÉE D'ART ET D'HISTOIRE DU JUDAÏSME

MUSÉE DES ARTS ET MÉTIERS

★ Hôtel de Sully E4
→ *62, rue Saint-Antoine (4ᵉ)*
L'un des plus remarquables hôtels particuliers du Marais (XVIIᵉ s.,). Centre de la vie mondaine sous les ducs de Sully, il a gardé son jardin, son orangerie et sa cour d'honneur Renaissance aux élégants bas-reliefs figurant des allégories des éléments et des saisons.

★ Place des Vosges E4
→ *Maison de Victor Hugo Mar.-dim. 10h-18h*
Un vrai décor de théâtre ! Façades de brique, hauts combles à la française et galeries à arcades… L'ex-place Royale, somptueuse, a gardé tout le faste du temps d'Henri IV. Au nº 6, la maison de Victor Hugo, devenue un musée consacré à l'écrivain.

★ Hôtel de Soubise D3
→ *60, rue des Francs-Bourgeois (3ᵉ) Tél. 01 40 27 60 96*
Mer.-lun. 10h (14h w.-e.)-17h30
Un des chefs-d'œuvre de l'art rocaille à Paris, de nos jours siège des Archives nationales. La façade classique contraste avec les opulents salons décorés par Boffrand en 1735 : riches boiseries blanc et or et hauts-reliefs de stuc. Expos temporaires du musée de l'Histoire de France et quelques trésors : un papyrus mérovingien, le "diplôme" de Charlemagne, le *Serment du Jeu de paume*…

★ Musée Picasso E3
→ *5, rue de Thorigny (3ᵉ)*
Tél. 01 85 56 00 36
Mar.-dim. 11h30 (9h30 w.-e.)-18h (21h le 3ᵉ ven. du mois)
Le magnifique hôtel Salé (XVIIᵉ s.), tout entier dédié à Pablo Picasso (1881-1973). Y est passé en revue le travail de l'artiste de ses débuts barcelonais à ses dernières toiles peintes à Mougins : le nombre et la diversité des œuvres en font la plus riche collection au monde.

★ Musée d'Art et d'Histoire du judaïsme D2
→ *71, rue du Temple (3ᵉ)*
Tél. 01 53 01 86 60 Mar.-ven. 11h-18h (21h mer.), w.-e. 10h-19h
Dans le cadre majestueux de l'hôtel de Saint-Aignan (XVIIᵉ s.), l'histoire des juifs en France, au travers de leur patrimoine culturel et de leurs coutumes : manuscrits, objets liturgiques, œuvres d'art, archives, etc.

★ Musée des Arts et Métiers D1
→ *60, rue Réaumur (3ᵉ)*
Tél. 01 53 01 82 00
Mar.-dim. 10h-18h (21h30 jeu.)
Pour découvrir la machine à calculer de Pascal, le laboratoire de Lavoisier, le pendule de Foucault et 3 000 autres objets, témoins des grandes inventions du XVIᵉ s. à nos jours.

HÔTEL DE SULLY

PLACE DES VOSGES

▶ Plan J
▼ Plan I

LA GAÎTÉ LYRIQUE

MA CAVE FLEURY

L'ÉCLAIR DE GÉNIE

réserver ! Parmentier de faisan ou bœuf-carottes, savoureux et de saison, croustade de lapin et tartare au couteau. Menu 17€ (déj. lun.-ven.), plat 17,50-23€.

CAFÉS, BARS

L'Ébouillanté D4 8
→ 6, rue des Barres (4e)
Tél. 01 42 74 70 52
Tlj. 12h-19h (22h été)
Dans une rue piétonne et pavée face à l'église Saint-Gervais-Saint-Protais, idyllique terrasse pour un déjeuner léger ou un *tea-time*. Brunch le dim.

Le Loir dans la théière D3 9
→ 3, rue des Rosiers (4e)
Tél. 01 42 72 90 61
Tlj. 9h-19h30 (20h ven.-dim.)
On aime s'enfoncer et s'attarder dans les vieux fauteuils de cuir pour déguster, avec sa tasse de thé, d'énormes gâteaux, tartes et crumbles maison. Salades et quiches à midi.

Café noir B1 10
→ 65, rue Montmartre (2e)
Tél. 01 40 39 07 36
Lun.-sam. 8h (16h sam.)-2h
Un patron jovial, un zinc superbe, une terrasse sur la rue et une clientèle variée font de ce petit bar un incontournable rendez-vous des apéritifs. Autre bon spot des débuts de soirée : Le Cœur Fou, au n° 55.

L'Art brut C2 11
→ 78, rue Quincampoix (3e)
Tél. 01 42 72 17 36 Tlj. 16h-2h
Les musiciens-bricolo-plasticiens des Têtes raides se sont chargés de la déco en ferronnerie et bois de ce troquet chaleureux. Musique tzigane, chanson française, bière bon marché et eaux-de-vie des Balkans.

La Gaîté Lyrique C1 12
→ 3bis, rue Papin (3e)
Mar.-sam. 14h-20h (21h mar.), w.-e. 12h-18h
www.gaite-lyrique.net
Le nouvel espace multi-cartes artistico-branché, dans un superbe théâtre du XIXe s. Expos, concerts, projections, ateliers, café, espace jeux vidéo, etc.

Raymond Bar B1 13
→ 13, rue Dussoubs (2e)
Tél. 07 82 20 05 37
Mar.-sam. 18h30-2h
L'ancien spa coquin est devenu un bar branché, et a conservé un hammam (son fumoir). Cocktails au rez-de-chaussée et soirées éclectiques au sous-sol !

SHOPPING

La Droguerie B2 14
→ 9-11, rue du Jour (1er)
Tél. 01 45 08 93 27
Lun.-sam. 10h (14h lun.)-19h
Une mercerie comme dans un rêve, avec ses boîtes en bois pleines de boutons, ses dizaines de bocaux remplis de perles, ses rubans de toutes les couleurs... En prime : des conseils avisés aux apprentis couturiers.

Ma Cave Fleury C1 15
→ 177, rue Saint-Denis (2e)
Tél. 01 40 28 03 39
Lun., sam. 17h (12h sam.)-21h ; mar.-ven. 11h-13h, 17h-22h
100 % biodynamique, cette cave diffuse le champagne unique de la famille Fleury et les crus inédits de producteurs amis. Coupes à petits prix servies le soir, et en-cas maison.

Valentine Gauthier E2 16
→ 58, rue Charlot (3e)
Tél. 01 48 87 68 40 Mar.-sam. 11h30-14h30, 15h30-19h30
Miroir de cette nouvelle rue de la mode, les créations tendance élégamment décontractées de la styliste Valentine Gauthier, taillées dans des matières naturelles : soie, cuir, alpaga, coton...

Mariage Frères D3 17
→ 30, rue du Bourg-Tibourg (4e) Tél. 01 42 72 28 11
***Boutique** Tlj. 10h30-19h30*
***Salon de thé** Tlj. 12h-19h*
Magnifique magasin de style colonial où s'empilent les pots ronds aux 700 thés du monde entier.

Finkelsztajn D3 18
→ 27, rue des Rosiers (4e)
Tél. 01 42 72 78 91
Mer.-lun. 10h (11h lun.)-19h
Le meilleur traiteur juif ashkénaze de Paris. Côté salé : houmous, tarama à l'aneth... Côté sucré : strudel, *sernik* (gâteau au fromage)... sans oublier les indétrônables bagels !

L'Éclair de génie E3 19
→ 14, rue Pavée (4e)
Tél. 01 42 77 85 11 Lun.-ven. 11h-19h, w.-e. 10h-19h30
Imaginés par le chef pâtissier Christophe Adam, des éclairs "aussi bons que beaux", d'une infinie variété : cacao grand cru, caramel au beurre salé, vanille-noix de pécan... ou compositions plus hardies ! Aussi, des tablettes de chocolat.

Izraël D4 20
→ 30, rue François-Miron (4e)
Tél. 01 42 72 66 23 Mar.-ven. 11h-13h, 14h-19h ; sam. 11h-19h
À peine franchi la porte de l'échoppe d'Izraël et Françoise, poivres et épices chatouillent le nez ! Les étagères font le tour du monde : thé mauricien, curry indien, savon d'Alep... Vendus au détail : semoule, olives, riz, pistaches, lentilles, etc.

Les Halles, qui ont oublié leurs pavillons Baltard, voient désormais défiler les foules sous une "Canopée", majestueuse onde de verre, tandis qu'à l'ouest leur nouveau jardin s'ouvre sur l'église Saint-Eustache. À l'est, le centre Georges-Pompidou, et sa forêt de tuyaux, côtoie la fontaine Stravinsky, dont les mobiles multicolores éclaboussent les passants. Plus loin, le quartier du Marais et ses ruelles, épargné par les travaux d'Haussmann, se prête à la flânerie. Y foisonnent commerces juifs, boutiques de mode, galeries d'art et bars gays. Derrière de lourdes portes se cachent des hôtels particuliers, splendeurs du règne de Louis XIV.

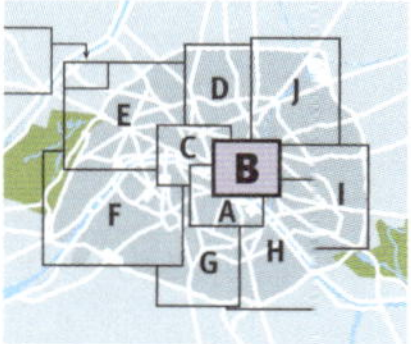

MIZNON

CHEZ JANOU

RESTAURANTS

Marché des Enfants-Rouges E2 1
→ *39, rue de Bretagne (3e) Mar.-dim. 8h30-20h30 (17h dim.)*
Dans ce marché à l'écart de la rue, des tables pour avaler sushis, tajines, pâtes ou boudins créoles... Un bonheur aux beaux jours ! Plat, formule 5-15€.

Bistrot Beaubourg C3 2
→ *25, rue Quincampoix (4e) Tél. 01 42 77 48 02 Tlj. 12h-1h*
Près de "Beaubourg", une cantine conviviale toujours bondée, pour une cuisine simple et bon marché : andouillette, poireaux-vinaigrette, etc.
Plat 6,60-18€.

Miznon D3 3
→ *22, rue des Écouffes (4e) Tél. 01 42 74 83 58 Sam.-jeu. 12h-23h*
Ici, le jeune chef israélien révolutionne la *pita*, garnie de légumes rôtis, crème de sésame, délicats émincés de viande (ou banane fondante pour la version dessert !). En accompagnement : chou-fleur fumant ou patate douce. Pita 7-11,50€.

Frenchie to go B1 4
→ *9, rue du Nil (2e) Lun.-ven. 8h30-16h30, w.-e. 9h30-17h30* ***Lunch*** *12h-16h*
À côté du Frenchie (nos 5-6), bar-restaurant très couru de l'anglophile Grégory Marchand, son *lunchroom* aux en-cas débanalisés : sandwich au pastrami maison, hot-dog pur bœuf, pot au chocolat et fleur de sel... Sandwich 8-22€.

Le Tambour B1 5
→ *41, rue Montmartre (2e) Tél. 01 42 33 06 90 Mer.-lun. 8h30-4h30 (5h30 jeu.-sam.)*
Un restaurant atypique, avec ses panneaux de signalisation, où l'on passe tard dans la nuit dévorer un tartare de bœuf ou des pieds de porc des Halles...
Plat 16-23€.

Chez Janou F3 6
→ *2, rue Roger-Verlomme (3e) Tél. 01 42 72 28 41 Tlj. 8h-2h* ***Cuisine*** *12h-15h (16h w.-e.), 19h-0h*
Un petit coin de Provence caché à l'arrière de la place des Vosges : filet de bar, magret au romarin, farcis, etc. Pour patienter (car une foule gourmande et branchée s'y presse) : 82 sortes de pastis et une terrasse campagnarde.
Menu 15,50€ ; plat 16-24€.

Café des Musées E3 7
→ *49, rue de Turenne (3e) Tél. 01 42 72 96 17 Tlj. 12h-15h (16h w.-e.), 19h-23h*
Face au succès des plats grand-mère de ce bistrot à l'ancienne, mieux vaut

LES HALLES

CENTRE GEORGES-POMPIDOU

HÔTEL DE VILLE

HÔTEL DE SOUBISE

MUSÉE PICASSO

★ Les Halles B2
Dès le XIIe s., les Halles alimentent la capitale. Au XIXe s., Zola les surnommera d'ailleurs "le Ventre de Paris". Dans les années 1970, de grands travaux en font un "Forum" controversé : zone piétonne, nœud de communication (RER et métro), grand centre commercial... Fruit d'une réhabilitation jusqu'en 2018, une ondoyante "Canopée" de verre revêt à présent le site et domine le nouveau et géométrique jardin Nelson-Mandela. À voir autour : la fontaine sculptée des Innocents (1549) et l'imposante Saint-Eustache (1532-1637), rare église Renaissance à Paris. Au nord, la rue Montorgueil et ses étals, peut-être l'ultime témoignage de l'ancien marché.

★ Centre Georges-Pompidou C3
→ Entrée côté rue Saint-Martin (4e) Tél. 01 44 78 12 33
Mer.-lun. 11h-21h (23h jeu. expos temporaires uniquement)
Une étonnante structure de verre et d'acier aux tubulures multicolores, signée Richard Rogers et Renzo Piano en 1971. "Beaubourg", comme l'appellent les Parisiens, est un centre culturel pluridisciplinaire. À ne pas manquer : le musée national d'Art moderne (le premier d'Europe), des expositions qui créent l'événement, ainsi que la vue du 5e étage sur les toits de Paris.

★ Hôtel de Ville C4
→ Pl. de l'Hôtel-de-Ville (4e)
Derrière une façade néo-Renaissance (1882) dérivée du bâtiment de 1535 détruit par le feu en 1871, l'intérieur illustre par sa débauche de dorures, de boiseries et ses lustres de Baccarat les fastes de la IIIe République.

★ Mémorial de la Shoah D4
→ 17, rue Geoffroy-l'Asnier (4e)
Tél. 01 42 77 44 72
Dim.-ven. 10h-18h (22h jeu.)
Au sein du plus grand centre européen d'archives sur la Shoah, 5 000 m² consacrés à l'histoire et à la mémoire de l'Holocauste : témoignages, films, expositions, etc. Dans la cour, le mur des Noms, à la mémoire des déportés, et à l'extérieur, celui des Justes, hommage aux personnes ayant œuvré pour sauver des juifs persécutés.

★ MEP (Maison européenne de la photographie) D4
→ 5-7, rue de Fourcy (4e)
Tél. 01 44 78 75 00
Mer.-dim. 11h-19h30
Dans un hôtel de 1706 réaménagé, de prestigieuses expositions de photo contemporaine. Projections de films le w.-e.

◄ Plan A

Plan H

ÉGLISE SAINT-SULPICE

ÉGLISE SAINT-GERMAIN-DES-PRÉS

★ **Musée de Cluny** C3
→ *6, pl. Paul-Painlevé (5ᵉ)*
Tél. 01 53 73 78 00
Mer.-lun. 9h15-17h45
Accolé aux vestiges de thermes gallo-romains (Iᵉʳ-IIIᵉ s.), l'hôtel des abbés de Cluny (XVᵉ s.) est le plus bel exemple parisien d'architecture civile médiévale. Le musée réunit une très riche collection d'art de l'époque, dont un trésor : les tapisseries de *La Dame à la licorne* (v. 1500).

★ **Panthéon** D4
→ *Pl. du Panthéon (5ᵉ)*
Tél. 01 44 32 18 00
Tlj. 10h-17h15 (17h45 avr.-sep.)
L'église élevée sur le vœu de Louis XV ne sera achevée qu'en 1789. Trois ans plus tard, l'Assemblée constituante la dédie au culte des grands hommes (Rousseau, Voltaire, Mirabeau, Marat). Le mausolée sera officialisé en 1885, pour recevoir les cendres de Victor Hugo.

★ **Jardin du Luxembourg** B3
→ *Tlj. lever du soleil-coucher du soleil*
Musée du Luxembourg
19, rue de Vaugirard (6ᵉ)
Tél. 01 40 13 62 00 Lun.-ven. 10h-19h (22h lun., ven.), w.-e. 9h-20h
Autour du palais du Luxembourg (1615-1620), siège du Sénat, le parc le plus romantique de Paris, avec ses allées de marronniers, son bassin central où voguent des bateaux en bois, son étonnante galerie de sculptures, son jardin anglais et sa fontaine Médicis (1630). Grandes expositions de peinture au musée du Luxembourg.

★ **Église Saint-Sulpice** B3
→ *Pl. Saint-Sulpice (6ᵉ)*
Tél. 01 42 34 59 98 Tlj. 8h-19h30
Les travaux de cette église massive se tinrent de 1646… à 1780 ! Façade classique à trois ordres superposés (dorique, ionique et corinthien) et intérieur tout aussi monumental. Ne pas manquer la chapelle des Saints-Anges, ornée de peintures murales de Delacroix, dont *La Lutte de Jacob avec l'ange* (1855-1861).

★ **Église Saint-Germain-des-Prés** B2
→ *3, pl. Saint-Germain-des-Prés (6ᵉ) Tél. 01 55 42 81 18*
Tlj. 8h-19h
La plus ancienne église de Paris, édifiée à partir de 990 sur les fondations d'une basilique mérovingienne. Chœur, déambulatoire et clocher du XIIᵉ s., voûte d'ogives de la nef du XVIIᵉ s., admirable *Entrée du Christ à Jérusalem* (1650) du peintre classique Laurent de La Hyre, et presbytère du XVIIIᵉ s.

CATHÉDRALE NOTRE-DAME

ÎLE SAINT-LOUIS

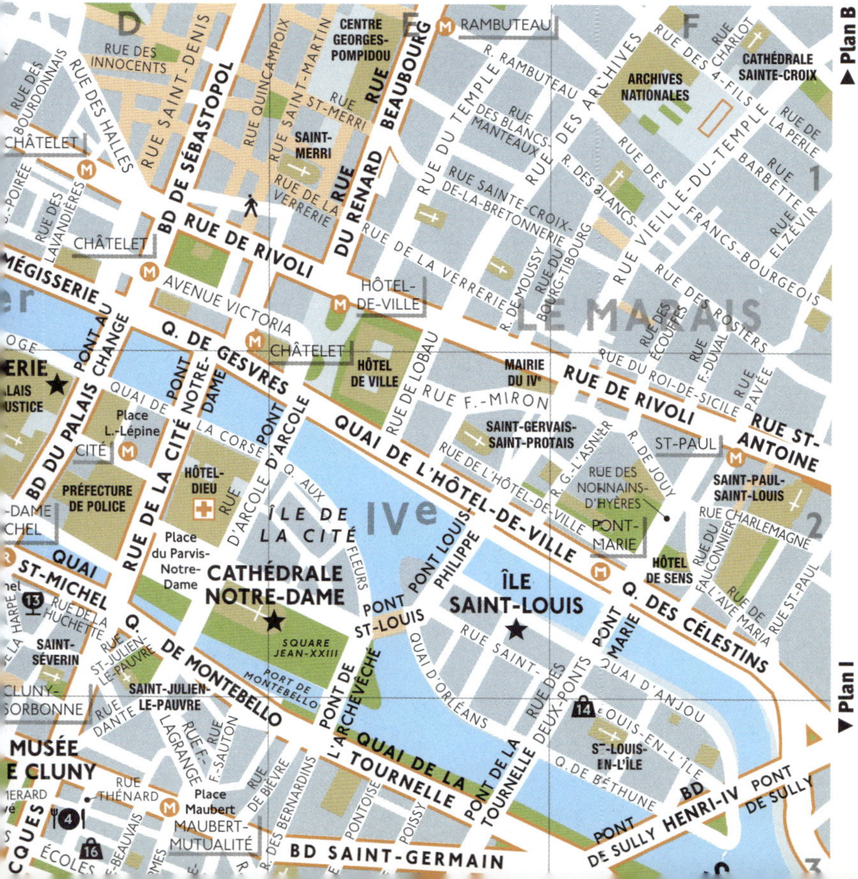

LES DEUX MAGOTS

CAVEAU DE LA HUCHETTE

VANESSA BRUNO

Plat 18-24€ (déj.), menu 35€ (soir).

CAFÉS, BARS, CONCERTS

La Pâtisserie viennoise C3 7
→ *8, rue de l'École-de-Médecine (6e)*
Tél. 01 43 26 60 48
Lun.-ven. 8h-19h
Une minuscule pâtisserie-salon de thé où se mêlent Parisiens et touristes, séduits par ses *strudels*, ses chocolats viennois et la gentillesse des patrons ! Petite carte salée le midi.

Les Deux Magots B2 8
→ *6, pl. Saint-Germain-des-Prés (6e) Tél. 01 45 48 55 25*
Tlj. 7h30-1h
Autrefois bastion des existentialistes, ce café ouvert en 1885 aimante encore intellectuels, écrivains et artistes. Tout aussi littéraire, le Café de Flore, *172, bd Saint-Germain*.

Café de la Mairie B3 9
→ *8, pl. Saint-Sulpice (6e)*
Tél. 01 43 26 67 82 Lun.-sam. 7h (8h sam.)-2h, dim. 9h-22h
Fier de sa terrasse face à l'église Saint-Sulpice, ce café populaire est devenu un repaire de férus de littérature. Les cendres de Nina Berberova ont été dispersées sous le platane devant. Lectures mar. soir.

Le Prescription B2 10
→ *23, rue Mazarine (6e)*
Tél. 09 50 35 72 87
Lun.-sam. 19h-2h (4h ven.-sam.), dim. 20h-2h
L'atmosphère ouatée de ce bar à cocktails invite à savourer ses décoctions étonnantes, à base de jus de fruits frais, de marjolaine... Par la même équipe : l'Expérimental au *37, rue Saint-Sauveur* (**B** C1).

Chez Georges B2 11
→ *11, rue des Canettes (6e)*
Tél. 01 43 26 79 15
Dim.-ven. 17h-1h (2h jeu.-ven.), sam. 12h-2h
Dans ce troquet hors du temps, rien n'a changé depuis 1952. La journée, va-et-vient pour un verre de vin ou une partie d'échecs, et le soir, ruée d'étudiants dans la cave. Tellement Saint-Germain !

Le Piano Vache D3 12
→ *8, rue Laplace (5e)*
Tél. 09 64 46 43 03
Lun.-sam. 18h-2h
Au cœur de la montagne Sainte-Geneviève, un petit bar au charme détraqué et troglodytique, et aux murs couverts d'affiches. Jazz manouche le lun., années 1980 le mar., blues-folk le mer., *afterwork* le jeu., punk le ven. et pop le sam. Indémodable depuis 1969 !

Caveau de la Huchette D2 13
→ *5, rue de la Huchette (5e)*
Tél. 01 43 26 65 05
Tlj. 21h30-2h30 (4h jeu.-sam.)
www.caveaudelahuchette.fr
Depuis 70 ans, cette cave médiévale a vu défiler des générations de fous de jazz : *live* à 22h15 et fin de soirée swing, blues, soul...

SHOPPING

Berthillon F3 14
→ *29-31, rue Saint-Louis-en-l'Île (4e) Tél. 01 43 54 31 61*
Sep.-juil. : mer.-dim. 10h-20h
Marron glacé, cacao amer, pain d'épice, fraise des bois... Les quelque 75 parfums du plus célèbre glacier de Paris ravissent les papilles du monde entier. Salon de thé. Six revendeurs dans l'île pour l'été et les vacances scolaires, quand ferme la maison-mère.

Bouquinistes C2-E3 15
→ *Variable selon le temps*
Depuis le XIXe s., les échoppes vertes s'alignent sur les quais, emplies de trésors à chiner : romans oubliés, vieux magazines, cartes postales de jadis...

Crocodisc D3 16
→ *40-42, rue des Écoles (5e)*
Tél. 01 43 54 33 22
Mar.-sam. 11h-19h
Un disquaire d'occasion bien connu des amateurs, depuis plus de 30 ans. Funk, reggae, rap US et musiques du monde au no 40 de la rue des Écoles, rock au no 42, et jazz au no 64, rue de la Montagne-Sainte-Geneviève.

Pierre Hermé B2 17
→ *72, rue Bonaparte (6e)*
Tél. 01 43 54 47 77 Tlj. 10h-20h
Dans un espace sobre et élégant, des pâtisseries élevées au rang d'œuvres d'art. Un délice !

Mode à Saint-Germain-des-Prés
Un fief de l'élégance et des tendances.

Vanessa Bruno B3 18
→ *25, rue Saint-Sulpice (6e)*
Tél. 01 43 54 41 04
Lun.-sam. 10h-19h
Une créatrice ultra-stylée, en vogue : coupes minimalistes pour un look romantico-rock.

Dona Giacometti B3 19
→ *6, rue Saint-Sulpice (6e)*
Tél. 01 44 07 39 13 Lun.-mar., jeu.-sam. 11h (14h30 lun.)-19h
Des bijoux contemporains en verre, pierre, argent ou or, conçus par Dona dans sa boutique lilliputienne.

APC A3 20
→ *38, rue Madame (6e)*
Tél. 01 42 22 12 77
Lun.-sam. 11h-19h30
Jeans bruts et vestes aux lignes épurées. Boutique homme au no 35.